I0172991

Filosofia e teologia
Textos seletos

Marta Luzie Frecheiras

Filosofia e teologia
Textos seletos

1ª Edição
POD

KBR
Petrópolis
2016

Coordenação editorial **Noga Sklar**
Editoração **KBR**
Capa **ADC (authordesign.co)**
Imagem da capa **Arquivo Google**

Copyright © 2016 *Marta Luzie Frecheiras*
Todos os direitos reservados à autora.

ISBN: 978-85-8180-454-5

KBR Editora Digital Ltda.
www.kbrdigital.com.br
www.facebook.com/kbrdigital
atendimento@kbrdigital.com.br
55|21|3942.4440

PHI022000 - Filosofia

Marta Luzie Frecheiras é bacharel, mestre e doutora em Filosofia pela Universidade Federal do Rio de Janeiro (UFRJ) e professora na Universidade Federal de Ouro Preto (UFOP). Obteve seu pós-doutorado em Filosofia na Ludwig-Maximilians-Universität de Munique, sob a orientação de Thomas Buchheim, renomado estudioso de Aristóteles, e na Universidad Complutense de Madrid, sob a orientação de Carmen Segura Peraita, uma das mais importantes estudiosas de Martin Heidegger em língua espanhola. Atualmente vem aprofundando suas investigações em Hermenêutica e Filosofia da Religião. Pela KBR, Marta Luzie publicou *Hermenêutica ontológica para principiantes*, em 2015.

Email marta.luzie@uol.com.br

Sumário

Nota da autora

Este livro é o resultado de três anos de pesquisa durante minha temporada de estudos na Teologia da PUC-Rio. Meus estudos teológicos tiveram início devido à necessidade de compreender melhor o dado idiossincrático que é o ser humano, feixe de contradições e paradoxos, e também compreender mais profundamente o sentido da vida.

Já tendo formação completa em Filosofia, incluindo o pós-doutorado na Espanha (*Universidad Complutense de Madri - UCM*) e na Alemanha (*Ludwig Maximillian Universität München – LMU)*, faltava-me, contudo, o embasamento teórico proveniente do cristianismo, que, como a grande maioria dos cristãos, eu conhecia superficialmente.

Como desde a dissertação de mestrado e a tese de doutorado tinha me inclinado sobre a questão da essência e do ser das coisas, desejei, na época, apenas penetrar na essência do cristianismo. E tal tarefa não seria possível, a menos que cursasse a graduação em Teologia e percorresse com afinco todas as áreas do curso, tanto a bíblica quanto a sistemática.

Foi o que fiz. Durante os três anos de estudos teológicos angariei o coeficiente geral de 9,9, além de ser beneficiada com uma bolsa de estudos integral e com um prêmio de melhor aluna da graduação da teologia na PUC em 2013, o que me rendeu uma bolsa no valor de R$ 600,00 para aquisição de livros na livraria Carga Nobre situada dentro da PUC-Rio.

Evidentemente, o início do curso foi assaz difícil, haja vista que eu já havia adquirido um senso crítico aguçado por meio dos estudos acadêmicos em Filosofia. Enquanto a maioria dos ingressantes no curso de Teologia buscava apenas aprofundar a doutrina cristã, meu objetivo era pensar a realidade, ao mesmo tempo em que procurava compreender a essência do cristianismo. Isso não quer dizer que não houvesse fé de minha parte. Estava, tão somente, aberta ao pensar crítico, a refletir se o cristianismo enquanto corrente teórica de pensamento podia contribuir para a compreensão de vida, da realidade e do ser humano.

Justino, filósofo do século II d.C., perpassou várias correntes de pensamento, estoicas, epicuristas, pitagóricas, ecléticas, platônicas e aristotélicas, até deparar-se com o cristianismo, que o fez mudar o rumo de sua vida. Ali encontrou o alvorecer do pensamento, aliando a filosofia grega aos textos de origem bíblica e, portanto, semítica. Isso, todavia, só foi possível pela abertura em relação à verdade que buscava.

Tal como ele, eu não procurava uma resposta teórica que respondesse aos meus anseios intelectuais. Buscava uma verdade vivenciada e confirmada, para que, quando questionasse os dados objetivos e reais, pudesse confrontá-los com a resposta cristã e encontrar nessas respostas um substrato que coadunasse com a realidade, e que não se restringisse a um mero anseio mental.

Foi a partir desse esforço intelectual e de vida que pensei ter encontrado a compreensão da essência do ser humano e do drama que é a vida. Aliás, como diz um dos maiores teólogos católicos do século XX, a vida não é uma comédia, tampouco uma tragédia: é simplesmente uma repetição do drama vivenciado por Jesus Cristo.

Os 11 ensaios deste livro constituem apenas uma reflexão inicial, que pode ajudar sobremaneira aqueles que estão dando os primeiros passos nos estudos filosófico-teológicos, sendo também acessíveis ao grande público, já que são claros e objetivos, e procuram iluminar questões centrais, tanto da filosofia, quanto dos três ramos principais da teologia sistemática: a antropologia teológica, a cristologia e a teologia trinitária.

-1-
DEBATENDO KARL RAHNER: FILOSOFIA E TEOLOGIA

Tese 1: A teologia implica uma antropologia filosófica.

Tese 2: Em nossa situação histórica, de forma alguma é possível uma filosofia absolutamente livre de teologia.

Tese 3: Não precisamos nos preocupar em separar a filosofia da teologia sob o ponto de vista do método da maneira mais precisa possível.

Argumento 1: É tarefa da antropologia filosófica pensar a essência do ser humano, e assim fundamentar racionalmente a possibilidade de vivenciar a experiência da graça. Neste sentido, uma antropologia que comporte em suas dimensões a experiência originária da graça abre a perspectiva de esta ser comunicada através de um discurso conceitual e, portanto, racional.

Argumento 2: Para o autor, jamais se pode filosofar sem a experiência da graça, pois esta, por ser essencialmente livre, põe o ser humano diante do problema da verdade do ser, abrindo a possibilidade para que experimente a identidade pessoal e o sentido mais próprio da existência.

Argumento 3: Na medida em que a filosofia se ocupa da irrupção da verdade do ser, e a Teologia da irrupção do mistério da graça, e, em ambas, o ser humano é partícipe, mas não decide e não pode manipular tal irrupção, o autor deixa entrever que não se faz necessário uma divisão metodológica precisa entre as duas. É como se o objeto de reflexão de ambas tivesse uma identidade em sua dinâmica de aparição histórica.

O homem como Pessoa e Sujeito

Tese 1: Antropológica; o ser humano abrange os conceitos de pessoa e sujeito ao mesmo tempo.

Argumentação
Passo 1: Afirma que a essência do homem só poderá ser pensada em profundidade quando os conceitos de transcendência, responsabilidade e liberdade forem objetos de reflexão.
Passo 2: Explicita a duplicidade inerente ao ser humano: a possibilidade mais corriqueira do homem quando mergulhado nas visões de mundo, hábitos e costumes, a de ser impróprio, impessoal, inautêntico quando lhe é possível viver alienado de si mesmo e imerso na compreensão do mundo impessoal, numa vida sem sentido.
Passo 3: Continuando o argumento, Rahner afirma, por outro lado, a possibilidade de o homem experienciar uma vida originária, plena de sentido. Isto só se torna possível no momento em que se conscientiza de sua fragilidade, de sua pequenez, de sua capacidade de alienar-se de si, de viver na menoridade, dependente do grupo social, conduzido por outrem.
Passo 4: Neste exato momento, abre-se ao homem a transcendência e, portanto, a possibilidade de superação; a possibilidade de viver de modo distinto, de agir de modo diverso, de fazer outramente.

Conclusão

A partir dos passos anteriores, podemos depreender que o autor denomina como *pessoa* a dimensão humana de propriedade, autenticidade e pessoalidade, na qual se é si mesmo e, não outro. Quando Deus convida ao diálogo, ele convida este, e não esse ou aquele. Convida a este que tem um rosto. Ser pessoa significa ser si mesmo, ser alguém com uma identidade própria, porque tem uma face, possui um contorno próprio, uma especificidade, não é uma mera coisa no meio da multidão.

Por outro lado, o homem é *sujeito* quando acolhe sua dimensão de pessoalidade, ganha consciência de seu existir no mundo e passa a agir a partir da escolha de seus caminhos e descaminhos. Não mais é conduzido, mas sim conduz a si mesmo a partir do momento em que assume a responsabilidade do seu viver e embrenhar-se em sua existência. Em termos teológicos, esta mudança (*metanoia*) ocorre a partir de uma relação dialógica e pessoal com Deus.

O homem como Ser de Transcendência

Tese 1: Antropológica; o homem é ser de transcendência.

Argumentação
Passo 1: Por mais que o ser humano não se dê conta, ele *já* está inserido na totalidade, ainda que experimente apenas a parcialidade.

A inquietação, a curiosidade e o questionar são inerentes ao ser humano. Ele se questiona, formula questões, ainda que nem sempre suporte permanecer sem respostas.

Em sua finitude, vige a presença da infinitude.

O medo da infinitude, do não domínio, da incapacidade, de incompreensão, do ilimitado e de dar respostas cabais sobre todas as coisas faz com que o ser humano se proponha uma fuga: a alienação de si mesmo. É mais fácil viver no já conhecido, no habitual, no corriqueiro, permanecer na comodidade, naquele cadinho que nos é seguro e velho conhecido.

Passo 2: O conhecimento humano está fundamentado na pré-compreensão do ser. Antes mesmo de o ser humano poder conhecer algo, este algo já está jogado num horizonte de pré--compreensão, que possibilita ao homem compreendê-lo, deste, desse ou daquele modo. Esta pré-compreensão pode ser a visão de mundo, a ideologia, ou mesmo, a cultura de uma época.

Passo 3: Este horizonte de pré-compreensão pode ser entendido em sua maximidade como *horizonte transcendental da transcendência*: a abertura *a priori* do homem para o ser, para a vigência da verdade. Trata-se daquilo que é mais constitutivo ao ser humano, aquilo que lhe é primeiro; por isso, o autor o designa como *a priori*. O horizonte transcendental da transcendência é a abertura, a condição da possibilidade de o ser humano ganhar na concretude de sua existência o seu ser mais próprio.

Comentário

Para mim, aqui o autor tematiza uma dimensão do humano que começou a ser pensada na história da filosofia somente no século XX. Immanuel Kant já havia tematizado três faculdades no ser humano: a sensibilidade, a imaginação e o entendimento. Nesse momento, de modo implícito, o autor tematiza uma quarta faculdade que, talvez, pudéssemos denominar de *relacional*. Ao abordar a capacidade que o ser humano tem de, antes de qual experiência empírico-sensorial, já estar aberto ao infinito, Rahner afirma a vigência de uma capacidade de relacionamento com o desconhecido, com o diferente de si, com a outridade.

Paul Ricoeur e Emmanuel Lévinas vão também trabalhar esta temática: Lévinas, em *Humanisme de l'autre homme* (1972) e Paul Ricoeur em *Soi-même comme um autre* (1990). No mínimo, Karl Rahner acompanha muito de perto a entrada em cena, na filosofia, desta nova forma de compreender o homem. Martin Heidegger, em *Sein und Zeit* (1927) já havia pensado o ser humano como *Dasein* (ser-aí), como *In-der-Welt-sein* (ser-

-no-mundo), como *Mitsein* (ser com). Essa estrutura existencial é pensada a partir do lugar ôntico-ontológico-existencial que o ser-aí ocupa. Heidegger fala de uma abertura para a pré-compreensão do ser, não como infinito, mas como Nada. É provável que Rahner, Lévinas e Ricoeur tenham compreendido o Nada como infinito.

O homem como ser de responsabilidade e liberdade

Tese 1: Antropológica; o homem é um ser responsável e livre.

Argumentação
Passo 1: O conceito de transcendência desenvolvido na seção anterior aparece agora voltado para o desdobramento ético no ser humano. A transcendência humana sob o ponto de vista ético redunda na responsabilidade e na liberdade.
Passo 2: A liberdade transcendental nada mais é do que a responsabilidade do homem por si mesmo, levada à radicalidade.

A liberdade transcendental é compreendida pelo autor numa duplicidade que lhe é própria: a) A liberdade originante, apriorística, fundante — é condição de possibilidade da liberdade concreta no mundo, a liberdade, cujo nível é o ontológico; b) liberdade originada — aquela que se insere no mundo, é a encarnação concreta no mundo, a liberdade, cujo nível é o ôntico.
Passo 3: A responsabilidade e a liberdade são experiências transcendentais quando o ser humano se percebe imerso na totalidade da qual ele retira o seu ser (liberdade) e age, atuando de modo responsável, pois fruto desta liberdade originária.
Passo 4: O homem pode querer escapar de sua subjetividade, isto é, pode não querer retirar o seu modo de agir da liberdade retirada do próprio reconhecimento de sua pessoa, a

partir da percepção da presença do ser; mas, ainda assim, essa condição de transcendência é dada aprioristicamente, ainda que, concretamente, o ser humano procure evadir-se dessa condição inerente.

A questão existencial pessoal como questão da salvação

Tese 1: O problema da existência pessoal é um problema de salvação.

Argumentação
Passo 1: O conceito originário de salvação não diz respeito a uma possibilidade teleológica que atravessa o homem externamente.
Passo 2: Trata da compreensão mais própria do homem e de sua realização mais autêntica e livre diante de Deus.
Passo 3: A história da salvação remete o ser humano à sua possibilidade mais própria, que é sua capacidade inata de transcendência.
Passo 4: O ser humano, ao mesmo tempo que já é um ser transcendência, por outro lado também é histórico e mundano; isto é, capaz de historicidade, de escrever a sua história concreta a partir da liberdade transcendental.

O homem como sujeito sob disposição alheia

Tese 1: A transcendentalidade do homem não é a transcendentalidade de um sujeito absoluto, mas está fundada no abismo do mistério inefável.

Argumentação
Passo 1: Quando o homem percebe seu condicionamen-

to histórico, nesse instante lhe é aberto o incondicionado: o homem está situado entre o incondicionado e o condicionado, entre o infinito e o finito.

Passo 2: O homem é agente quando é paciente e paciente quando é agente. Vige nessa duplicidade que lhe é inerente.

Passo 3: Este "entre" no qual vive faz do homem um ser ainda desconhecido para si mesmo.

Passo 4: O ser humano só é capaz de experimentar a verdade quando suporta lidar com o não saber, com o não dominar, com o não controlar.

Tese central

O ouvinte da Palavra é o ser Humano, que, por sua vez é o *tò deinón* (o mais admirável, maravilhoso e raro).

Argumentação

Desde o início, o autor afirma a importância da antropologia para a teologia. Isso se deve ao fato de que, não só é o homem que houve a palavra, como também é ele que a põe em prática.

O autor demonstra, então, como o ser humano consegue levar adiante e realizar tal tarefa. A partir desse momento, no texto, o autor foca a investigação na estrutura própria do ser humano, e passa a defini-lo a partir de um elenco conceitual.

O ser humano é pessoa, sujeito, ser de transcendência, essencialmente responsável, essencialmente livre, mas também, por outro lado, está submetido e limitado pelo meio histórico e concreto no qual vive, é condicionado e condiciona, é agente e paciente, liberta e oprime; e, acima de tudo, é um ser relacional aberto ao infinito.

Conclusão

O ser humano é capaz de fazer a experiência histórica da salvação, que ocorre quando o homem, a partir da transcendência transcendental que lhe é mais própria, consegue viger na liberdade, e a partir daí passa a situar-se historicamente de um modo mais próprio e autêntico, assumindo, com responsabilidade, a consequência de suas ações no âmbito do mundo histórico e concreto.

Por outro lado, isto só se torna possível quando o ser humano se abre ao incondicionado, à experiência do mistério, na qual ele se percebe incapaz de dominar, de controlar, de determinar, de se assegurar e de dar respostas cabais acerca de sua existência. É exatamente a partir desta experiência originária, e, por isso mesmo radical, que o homem é capaz de fazer a experiência histórica da salvação, isto é, de viver uma existência nova, plena de significado e sentido, enfim, uma vida própria, pessoal e autêntica. Este ser vivente, que é tão grande e ao mesmo tempo tão pequeno, é o epicentro de toda a temática do pensamento de Karl Rahner.

-2-
COMENTÁRIO FILOSÓFICO À *FIDES ET RATIO*

Conhece-te a ti mesmo.

Nessa encíclica, o papa constrói todos os argumentos em torno da questão da *verdade*. Ele não define o que é a verdade no sentido filosófico, mas apresenta como papel fundamental do magistério eclesiástico, desde o mistério pascal, a transmissão da verdade como um dado proveniente da Revelação e do assentimento da fé.

A encíclica é direcionada aos "Irmãos no Episcopado", objetivando ressaltar a questão da verdade para os bispos. É escrita para *não* deixar nenhuma margem a possíveis dúvidas no que tange à verdade: há a verdade, ela é objetiva, manifestou-se na história com a encarnação do filho de Deus, Jesus Cristo, e será alcançada plenamente na última revelação de Deus no fim dos tempos (1 Cor. 13,12) (Paulo II, 1998, p. 7). No entanto, ele percebe, na época atual, uma nítida desconsideração pela verdade (Paulo II, 1998, p. 12), não só sob o ponto de vista filosófico, como também sob o ponto de vista do ideário social, da visão de mundo hodierna.

Desde as elucubrações filosóficas realizadas na modernidade, que se caracterizam pelo privilégio de uma compreensão da razão humana a que chamamos de subjetividade, vemos ocorrer um paulatino esquecimento da questão do sentido do ser e da verdade (Paulo II, 1998, p. 11). Com isso, a humanidade vem deixando de apostar na possibilidade que a razão humana tem de transcender, de expatriar-se, sair de si. Ao contrário, cada vez mais a humanidade caminha por sendas que nos levam a uma maior valorização da dimensão empírica da realidade e, portanto, do empreendimento técnico. A superficialidade e a alienação são o tom vivencial reinante, e, para o papa João Paulo II, os maiores prejudicados são os jovens (Paulo II, 1998, p. 13).

Pelos argumentos arrolados acima, ele não poderia deixar de escrever esta encíclica para ressaltar e esclarecer que, apesar de a verdade ser uma e somente uma, ela pode ser alcançada, aproximativamente, tanto pela razão humana quanto pelo dado da fé. Paulo II quer deixar claro que onde está a verdade, e ali Deus está (Paulo II, 1998, p. 49). Sua tese é a de que a razão humana possui vários recursos para progredir no conhecimento da verdade (Paulo II, 1998, p. 7) e, por conta disso, a Igreja não pode ficar alheia, de modo algum, ao caminho da pesquisa racional.

Sendo assim, razão e fé são dois caminhos distintos para se chegar à verdade. Se bem que o caminho racional será sempre um caminho aproximativo. Ainda assim, o homem pode se aprofundar cada vez mais nessa investigação. O problema está, somente, no abandono desse caminho investigativo da razão, posto que nós, hoje, vivemos numa época em que compreendemos a razão apenas no sentido instrumental e pragmático, e não no sentido de uma razão aberta à transcendência. Esse caminho é que o papa conclama a humanidade a retomar, e o assinala aos bispos, para que estes jamais o esqueçam.

E por quê? Porque tanto no oriente como no ocidente, ao longo dos séculos, sempre houve um caminho que levou a humanidade até a verdade: o caminho da autoconsciência, o caminho da consciência interior; e, este, por sua vez, só é possível se está presente a investigação racional, questionadora e autorreflexiva. Sem ela, permaneceremos jogados na mera instrumentalização cotidiana das coisas, sem questionar o sentido mais profundo delas e de nós mesmos.

A revelação da sabedoria de Deus

1. Jesus, revelador do Pai

Nesta parte do livro, o papa trata especificamente da Revelação de Deus, o ato gratuito do amor de Deus, que se mostra em prol da salvação da humanidade. O depósito que a Igreja guarda e transmite, proclamando, tem sua origem no próprio Deus (2 Cor. 4,1-2), que quis revelar a Si mesmo e dar a conhecer o mistério de Sua vontade (Ef. 1,9).

A Revelação é de caráter sobrenatural, fruto da graça. Sem ela, o ser humano não poderia conhecer, ainda que parcialmente, os mistérios escondidos em Deus.

Deus entra na história, primeiramente, através dos patriarcas e dos profetas; depois, através de seu próprio Filho, o Verbo feito carne que consumou a obra de salvação que o Pai quis por bem realizar.

Destacando a tradição patrística presente no Concílio Vaticano II, o papa ressalta o caráter salvífico da Revelação de Deus na história, que a partir dela nos revela um Deus rico em seu amor, que fala aos homens como amigos, que convive com eles e os convida a entrar e permanecer em comunhão com Ele (Paulo II, 1998, p. 17).

2. A razão perante o mistério

Como foi dito anteriormente, a Revelação é um ato de amor gratuito de Deus. Por outro lado, o assentimento da Revelação é um ato de obediência e, portanto, de fé, por parte do ser humano. A verdade contida na Revelação é garantida pelo próprio Deus, não por uma conquista da razão humana. Esta é a conclusão a que chega o papa João Paulo II.

No entanto, a razão humana, razão natural, nos permite aprofundar, compreender e comunicar o dado da Revelação, o mistério infinito de Deus, ainda que parcialmente. Porém, sem a Revelação, jamais chegaríamos à razão última de nossa existência.

Aristóteles, filósofo grego do século IV a.C., em seu livro intitulado *Metafísica*, já havia demonstrado racionalmente a existência do θεός no livro λαμβδα, seu famoso livro XII (Aristóteles, 1987, p. 616).

O Papa Bento XVI, por sua vez, relembra essa prova racional de cunho aristotélico, prova demonstrativa da razão, em sua obra intitulada *Introdução ao Cristianismo*, no capítulo em que ele se remete ao "Deus da Fé e ao Deus dos Filósofos". Nele, partindo das provas racionais da existência de Deus, Bento XVI declara que a razão humana foi e é capaz de chegar a um Deus que é puro pensamento e autocontemplação, e que não participa da vida humana. Bento, na época Cardeal Ratzinger, nos diz:

> Esse Deus que é considerado o puro ser e o puro pensamento que gira eternamente num círculo fechado em torno de si mesmo, sem chegar jamais até o ser humano e seu mundo pequeno (...) esse Deus passa a aparecer agora, para a fé, como Deus dos homens, que não é apenas o pensamento do pensar e a matemática eterna do universo, mas também ágape e poder do amor criativo. (Ratzinger, 2005, p. 107)

Esse Deus rico em amor, no entanto, só nos é conhecido por meio da Revelação e do assentimento da fé. Sendo assim, o papa João Paulo II, ressaltando o Concílio Vaticano I, nos afirma que a verdade alcançada pela razão natural, filosófica, não se confunde com a verdade proveniente da Revelação: são duas ordens de conhecimento diversas, tanto pelo princípio, como pelo objeto, mas ambas podem aceder à verdade (Paulo II, 1998, p. 16).

Credo ut intellegam

1. A sabedoria sabe e compreende todas as coisas
A tese central do papa João Paulo II, nesta parte do livro, é a de que *Israel soube abrir a razão para o mistério, de que o*

texto bíblico fez confluir para o grande mar da teoria do conhe-
cimento da razão e da fé (Paulo II, 1998, pp. 28, 30), partindo
da ideia central do sábio presente nos livros bíblicos sapienciais
como aquele que ama e busca a verdade e a sabedoria. Para o
papa, já aparece nos livros bíblicos a nítida e profunda confluência entre razão e fé. Neste sentido, a união entre fé e razão
é um dado bíblico.

> E por quê? Porque nos Livros Sapienciais, a razão aparece
> desnudando a presença operante de Deus na história, no que
> ela investiga os acontecimentos humanos e, por isso, a razão
> é capaz de reconhecer a estrada que o homem deve seguir.
> Já a fé, por sua vez, aparece no aperfeiçoamento do olhar
> interior, no ânimo reto, na firmeza de caráter e em manter-se
> caminhando, por essa mesma estrada reconhecida pela razão,
> mas com passos seguros ainda que vacilantes. (Paulo II, 1998)

Segundo o papa, o povo de Israel, pela razão natural,
apercebeu-se de três regras básicas da qual não pode fugir. A
primeira regra é ter em conta que o conhecimento do homem
é um caminho que não permite descanso; a segunda nasce da
consciência de que não se pode percorrer tal caminho com o
orgulho de quem pensa que tudo seja fruto de conquista pessoal; a terceira regra funda-se no "temor de Deus", cuja a razão
deve reconhecer tanto a transcendência soberana como o amor
solícito no governo do mundo (Paulo II, 1998, p. 30).

Confirmando ainda a presença da razão filosófica nos
textos sapienciais, o papa afirma que o livro da *Sabedoria* retoma o pensamento grego. E mostra o autor bíblico raciocinan-
do a partir da natureza, para poder chegar até o criador (Sb
13,5). Isto seria a presença da prova cosmológica da existência
de Deus: uma demonstração racional de caráter *a posteriori*, na
qual, a partir das coisas, por indução, chega-se ao criador (Paulo II, 1998, p. 31).

Uma crítica contundente e mordaz contra o pensamento

do papa expresso nessa encíclica aparece em Nietzsche, filósofo alemão do século XIX. Em sua obra intitulada *O Anticristo*, cujo subtítulo é *"Maldição ao Cristianismo"*, Nietzsche descreve os judeus como o povo mais singular da história universal, pois colocados ante a questão de "ser ou não ser", preferiram ser a todo custo, falsificando toda a natureza, invertendo de modo incurável a história e a moral.

A interpretação que o papa João Paulo II faz da razão, no mundo bíblico, como sendo capaz de reconhecer a presença operante de Deus, segundo Nietzsche não passaria de uma moral do ressentimento, que subverte o papel da razão como inteligência criadora, capaz de criar significado, e não de reconhecer significados, sentidos, como afirma o papa João Paulo II nesta encíclica.

Citamos, a seguir, um contra-argumento fundamental de Nietzsche, que se contrapões diretamente à afirmação do papa:

> Os judeus puseram-se à parte, *contrariamente*, a todas as condições nas quais era possível, era permitido um povo viver até então, eles criaram a partir de si mesmos um conceito oposto às condições naturais – eles inverteram a história, tornando-a a *contradição de seus valores naturais* (grifamos). (Nietzsche, 2009, p. 29)

Ora, quando Nietzsche, nesta passagem, afirma que os judeus inverteram a história, tornando-a contraditória aos valores naturais, está querendo dizer que o dado de Revelação afirmado pelo papa João Paulo II não passa de uma moral do ressentimento criada pelos fracos, por aqueles que não suportam viver a vida tal como ela é, como foi — para ele, o caso do povo judeu, que teve de inventar uma ilusão para suportar continuar vivendo em condições de guerra e de exílio.

Neste sentido, a partir do pensamento de Nietzsche, a razão não estaria reconhecendo na história a presença operante de Deus, mas sim, enfraquecida, estaria criando uma ideologia, uma ilusão para suportar viver.

2. Adquire a sabedoria, adquire a inteligência

No item anterior, analisamos a posição nietzschiana de crítica, não só ao judaísmo, como também ao cristianismo. Para Nietzsche, a recusa do povo judeu em permanecer somente na razão humana tem como causa uma fraqueza estrutural, e é exatamente a partir daí que queremos retomar o texto de João Paulo II, pois as questões fundamentais que aparecem agora, nesta parte da encíclica, dizem respeito, precisamente, aos dois conceitos centrais nos quais Nietzsche baseia sua crítica e o papa João Paulo II fundamenta a defesa da razão em união com a fé, e também do cristianismo.

João Paulo II inicia dizendo que a desobediência e a cegueira do orgulho são a causa pela qual a verdade se encontra ofuscada, hodiernamente. Na medida em que o ser humano insistiu em analisar a realidade exclusivamente através das capacidades que lhe são inerentes, isto é, por si só, a razão caiu prisioneira de si mesma. Aqui, João Paulo II cita o apóstolo Paulo (1 Cor. 1, 20). E esse desejo de plena autonomia é a descrição que aparece em Gênesis 2,17.

Segundo o papa, o ser humano entregue a si mesmo cai num cansaço proveniente dos limites da própria razão, quando a sabedoria humana não consegue mais ver que é na fraqueza que a força encontra o seu princípio fundante. A morte de Cristo na cruz torna-se, portanto, uma loucura, e toda lógica que se queira construir, tendo como pressuposto, puramente, a razão humana, se desvanece.

Citando novamente Paulo, na Carta aos Coríntios, o papa João Paulo II afirma que Cristo redimiu a fraqueza da razão humana quando se fez obediente ao Pai. É esta obediência que resgata o vínculo de união, de comunhão com o Pai, e permite à razão caminhar lado a lado com a fé.

Neste sentido, o papa afirma que, para o cristão, a filosofia deve requerer um discernimento radical (Paulo II, 1998,

p. 34), pois sem a sabedoria da cruz o ser humano torna-se vítima de si mesmo, e a relação entre a filosofia e a fé pode naufragar.

Em síntese, podemos dizer que o mero exercício da razão filosófica redunda, para o papa, na desobediência descrita no Gênesis, redunda em sanha, em orgulho, e, portanto, na vivência do deserto do abandono. Sem o primeiro movimento do crer, a razão permanece à deriva.

Intellego ut credam

1. Caminhar à procura da verdade

O papa João Paulo II inicia esta parte da encíclica citando a famosa passagem da *Metafísica* de Aristóteles: "todo homem deseja saber". Diz ainda que, de todas as áreas do pensamento humano, é a filosofia que, de modo peculiar, exprimiu e exprime o ensejo do ser humano em conhecer a totalidade do real.

Aqui faz-se mister ressaltar que, tanto a passagem de Aristóteles escolhida pelo papa, quanto o desdobramento posterior do texto, vão depreender a verdade como a investigação acerca do sentido, pois fazem a ilação entre o campo teórico e o campo prático, entre a teorética e a moral (Paulo II, 1998, p. 39).

A importância da questão da verdade está intrinsecamente associada ao modo de agir, à conduta empreendida na vida, a ponto de o papa descrever que uma pessoa madura, adulta em sua existência, é aquela que ao procurar os valores verdadeiros se abre para a transcendência, e, ao fazê-lo, os encontra.

O papa compreende a procura pela verdade como o exercício de busca por uma resposta que dê uma orientação decisiva e última para a vida humana. Ressalta que este élan metafísico sempre conduziu os filósofos ao longo dos séculos e que em toda manifestação cultural subjaz este vivo desejo.

Neste sentido, o papa não compreende o exercício da razão em busca da verdade como um exercício da razão científica, que se engaja numa resposta pelo ente, pelo objeto, para depois poder manuseá-lo; mas sim como um exercício de busca pelo sentido último da existência. Citados pelo próprio papa, há autores que discordam veementemente da vigência de um sentido último para a vida.

Um deles é Thomas Nagel, filósofo contemporâneo que defende a ideia de que nossa vida é absurda, apesar de ser subjetivamente valorizada. Nagel considera que nossa vida é absurda precisamente porque há uma dissintonia entre o valor que damos à nossa vida, subjetivamente, interiormente, e o reconhecimento de que objetivamente nossa vida não tem nenhum valor. Contrariamente à posição do papa nesta encíclica, a posição de Nagel parece depender de uma concepção antiobjetivista do valor, nomeadamente do valor moral (Murcho, 2009, p. 13).

Já analisamos na introdução à encíclica que o papa defende veementemente a existência da verdade objetiva pela encarnação do Filho de Deus. Como Nagel não assume o dado revelado, ele não "aposta" racionalmente em uma verdade objetiva; logo, a vida não tem um sentido objetivo fora do homem. Todo e qualquer sentido existente é incutido pelo homem, e tal é também o pensamento de Nietzsche.

2. Os diferentes rostos da verdade do homem
Mesmo quando o homem a evita, é sempre a verdade que preside a sua existência (Paulo II, 1998, p. 42).

Neste subitem, o papa subdivide a verdade em suas várias dimensões ou níveis de compreensão: (a) caráter cotidiano e científico, nível da verdade que procede da evidência imediata e da experiência empírica; (b) caráter filosófico, dimensão da verdade que provém da especulação do intelecto; (c) caráter religioso, fundamenta-se na filosofia, mas trata-se aqui das várias respostas que as religiões oferecem às questões últimas da vida; (d) crença, forma de adesão à verdade baseada na confiança interpessoal: crê-se no que o outro nos manifesta.

A relação entre a fé e a razão

1. As etapas significativas do encontro entre a fé e a razão
Aqui o papa João Paulo II refaz o percurso histórico após a confluência entre a fé cristã e a filosofia greco-latina, até chegar à filosofia medieval, a escolástica com Santo Anselmo de Cantuária:

— a opção pela filosofia grega, uma vez que esta já tinha entrado em disputa intelectual com a mitologia e seu politeísmo; a filosofia nascera com o intuito de compreender o princípio de todas as coisas, e esta reflexão estava mais próxima do cristianismo do que o politeísmo pagão.
— crítica à gnose, perigo sempre presente na história do cristianismo, posto que esta compreendia a verdade como um conhecimento superior, destinado a uns poucos eleitos; neste sentido, o cristianismo sempre se opôs à gnose, uma vez que o cristianismo sempre destacou a igualdade de todos os homens diante de Deus; Jesus Cristo encarnou para salvar todos os homens e não apenas os de intelecto superior.
— prosseguindo neste intuito, o cristianismo, inclusive, optava, preferencialmente por incentivar nas pessoas um encontro pessoal com Cristo, o que levou os cristãos a serem acusados de estultícia por parte de Celso, como declara Orígenes:

Eis nas casas particulares, cardadores, sapateiros, pisoeiros, pessoas das mais incultas e rudes. Diante de mestres cheios de experiência e discernimento, não ousam abrir a boca. Mas é só surpreenderem seus filhos acompanhados de mulheres incultas e idiotas, que começam a falar coisas estranhas: sem consideração com o pai ou com os preceptores, acham que todos devem acreditar apenas neles; os outros não passam de impertinentes estúpidos, que ignoram o verdadeiro bem, incapazes de realizá-lo, preocupados com vis banalidades; só eles sabem como se deve viver; que as crianças acreditem neles e serão felizes e a felicidade iluminará a casa! Mas se enquanto estão falando veem chegar os preceptores desta juventude, homens de discernimento, ou o próprio pai, os tímidos fogem tremendo, os atrevidos incitam as crianças à revolta: cochicham-lhes que, na presença do pai e dos preceptores, não hão de querer nem poder explicar nada de bom às crianças porque lhes repugnam a idiotice e a grosseria destas pessoas totalmente corrompidas e enterradas no vício que poderiam mandar castigá-los. Se quiserem, basta deixarem lá o pai e os preceptores, vir com as mulheres incultas e os companheiros de brinquedos à oficina do tecelão, à tenda do sapateiro ou à barraca do pisoeiro para atingirem a perfeição. Eis aí com que palavras persuadem! (Origenes, 2004, pp. 253-254)

Orígenes, filósofo que viveu a cavaleiro entre os séculos II e III d.C., contribuiu decisivamente para a introdução da cultura antiga no mundo cristão e foi, sem dúvida, o maior gênio que a Igreja de língua grega produziu. Por conta de sua exegese alegórica e pela influência da filosofia platônica teve sua ortodoxia questionada em torno dos anos 400 d.C. Acabou escrever a *Héxapla*, obra que apresenta o Antigo Testamento em seis colunas paralelas, apresentando os vários textos bíblicos. Foi o fundador da crítica bíblica textual.

O papa ainda cita Justino, que viveu no século II d.C., foi pagão e depois converteu-se ao cristianismo. Era um jovem gentio, formado no âmbito cristão grego. Para Justino, a filosofia é aquilo que nos conduz a Deus e nos une a Ele. João Paulo II cita também Clemente de Alexandria, filho de pais gentios, nascido em Atenas, na Grécia, em torno de 150 d.C. Clemente converteu-se ao cristianismo e tornou-se diretor da Escola de Alexandria após Panteno, a Escola das Ciências Sagradas. Foi um grande defensor da filosofia, na qual via na mesma uma função soteriológica. Para Clemente, à filosofia coube a tarefa pedagógica de encaminhar os gentios para Cristo, do mesmo modo que a antiga Lei serviu para encaminhar os judeus para Cristo. E os três grandes Padres da Capadócia: Nazianzo, escritor de uma grande teodiceia; Basílio, sintetizador da cosmologia; e Gregório de Nissa, o primeiro grande antropólogo da Igreja — grandes teólogos, mas sua contribuição em matéria filosófica foi ínfima.

Ao lado dos já citados, o papa João Paulo II cita Dionísio Areopagita, o famoso *"Doctor Hierarchicus"*, cuja maior importância é de nível teológico, mas que foi responsável pela entrada de elementos neoplatônicos no pensamento do Ocidente; e Agostinho de Hipona, que nasceu em 354 a.C. e faleceu em 430. Agostinho de Hipona foi considerado pelo papa João Paulo II o realizador da primeira grande síntese entre o pensamento filosófico-teológico. Nele, a filosofia patrística atinge o seu apogeu. Lutou contra o maniqueísmo, com sua metafísica anticristã e pagã, e foi um grande retórico, vencedor imbatível nos debates públicos, defendendo a essência da mensagem cristã de uma série de heresias que vigiam em sua época, tais como o arianismo e o pelagianismo, dentre outros.

Por fim, temos Anselmo de Cantuária, pai da escolástica, que nasceu em Anselmo no ano de 1033 d.C. Ele se move no espírito agostiniano, e duas de suas grandes obras são o *Monologium* e o *Proslogium*. Não nos deixou nenhum sistema filosófico nem teológico; porém, concentrou-se em certos problemas particulares fundamentais, sendo o principal deles o problema entre *fé* e a *razão*. Sua tese é a da precedência da fé como regra de vida, a pressuposição necessária para que haja uma especulação proveitosa sobre as verdades divinas.

2. A novidade perene do pensamento de Santo Tomás de Aquino

Filósofo escolástico que viveu no ambiente histórico do século XIII, coube a Tomás de Aquino a empresa histórica de retificar o aristotelismo malsão que dominava o pensamento de sua época. Santo Tomás conseguiu estabelecer uma síntese entre razão e fé, esclarecendo que a filosofia, através da razão especulativa, é capaz de compreender os dados da Revelação Divina.

Tomás de Aquino, grande inquiridor da verdade, por estar voltado para a questão do ser, ao invés do parecer, subdividiu a sabedoria em filosófica e teológica. A sabedoria filosófica é o exercício da razão natural, quando voltada para a investigação da realidade. A sabedoria teológica é o exercício racional proveniente da Revelação, do assentimento da fé e consequente comunicação dessas verdades.

Uma das importantes teses tomistas no que diz respeito à razão natural é aquela que atribui ao Espírito Santo o papel de amadurecer e sustentar a sabedoria humana.

Tomás de Aquino foi considerado pela Igreja o reto modelo do fazer teológico, e também considerado o apóstolo da verdade.

3. O drama da separação da fé e da razão

De forma muito breve, o papa João Paulo II faz uma pequena incursão na história da filosofia, desde o final da Idade Média até os dias atuais, para demonstrar o processo histórico de ruptura entre fé e razão que vem ocorrendo no seio do pensamento filosófico, citando o nominalismo medieval, a subjetividade moderna e o idealismo como uma tentativa de descrever o mistério da morte e ressurreição de Cristo como uma estrutura racionalmente compreensível, como foi o caso de Friedrich Hegel no século XIX.

João Paulo II cita também o positivismo e sua ambiência cientificista, afastando-se do pensamento ético-metafísico; e, por fim, o processo de definhamento da razão numa razão instrumental e pragmática que acabou por desembocar no niilismo, isto é, na nadificação, na total ausência de sentido e de valorização da verdade objetiva e, consequentemente, da vida humana. Não existe mais a esperança de encontrar a verdade, como garantia Tomás de Aquino.

Por outro lado, o saber humano se subdividiu em inúmeros saberes, cada vez mais especializados e mais distantes do pensamento totalizante, levando à relativização da "verdade", permanecendo a verdade uma simples questão de método e discurso. Isto aparece nitidamente na obra de Gadamer, *Verdade e Método*. Neste sentido, a verdade é uma questão de método, e não mais de realidade.

Sendo assim, o papa ressalta o perigo existente, pois, privada da razão, a fé recai no mito, como ocorreu na religião grega. Daí ele escrever essa encíclica, apelando para a retomada do pensamento especulativo metafísico.

Neste ponto, gostaríamos de destacar o pensamento do filósofo jesuíta italiano Paul Gilbert. Em sua conferência intitulada "A Permanência da Metafísica", realizada em 2010 no Congresso Internacional de Metafísica na PUC de Minas Gerais, Gilbert aprofunda a temática metafísica no pensamento filosófico contemporâneo e declara que, mesmo com todo o processo de desenraizamento da verdade, do solo do ser, este pensamento insiste em continuar vigendo, graças ao fato de o pensar metafísico fundar-se na inquietação própria do ser humano, em sua angústia existencial, e não numa mera invenção da razão em determinada época histórica.

Para Paul Gilbert, o pensamento de Martin Heidegger abre espaço para uma retomada da metafísica. Segundo ele, em um texto de 1986, Jean-Luc Marion coloca em evidência a abertura que oferece o tema heideggeriano da "diferença ontológica", explicado em termos de "doação". A história da metafísica encontraria nesse tema um novo nascimento; não se fixaria mais sobre os entes, mas se preocuparia com suas origens, com o ser reconhecido ativo na constituição dos entes.

Tal ser poderia se denominar "*Ereignis*". No *Ereignis*, no "evento", os entes são vistos originalmente como dados, enquanto são fenômenos de uma origem que os fenomeniza. Porém, o que se vê são os fenômenos, não o próprio fenomenizar do "*Ereignis*". Marion interpreta esse fenomenizar-se da origem no registro da "doação", mais precisamente, "de acordo com as existências da caridade". Despede-se assim do racionalismo que estrutura, inevitavelmente, toda ontologia; despede-se também da interpretação nietzschiana da construção da metafísica. Desse modo, entraríamos na metafísica de maneira autêntica.

Intervenções do magistério em matéria filosófica

1. O discernimento do Magistério como diaconia da verdade

A Igreja não propõe uma filosofia própria, nem canoniza uma das correntes filosóficas em detrimento de outras (Paulo II, 1998, p. 69).

Se o Magistério eclesiástico privilegiasse um dos sistemas filosóficos vigentes em detrimento de outros, estaria impedindo o desenvolvimento natural da especulação racional. Pelo fato de a Igreja ser depositária da verdade, proveniente da Revelação, ela não teme a investigação da razão; ao contrário, sabe que a razão está dotada em si mesma dos meios para alcançar a verdade, ainda que dentro dos limites da própria razão.

Por outro lado, é papel do magistério eclesiástico intervir, de forma clara e rigorosa, quando teses filosóficas extrapolam seu campo e tentam intervir na compreensão do dado revelado, e intervir também para que haja um discernimento crítico a respeito das afirmações filosóficas que contradizem a doutrina cristã. Outrossim, a Igreja pode e deve indicar o que, num sistema filosófico, é incompatível com a riqueza da mensagem cristã.

Este papel do magistério eclesiástico não é recente. No decurso dos séculos, a Igreja interveio para defender o dado da Revelação contra as diversas heresias, contra o averroísmo latino, contra o esoterismo supersticioso, contra a idolatria, entre outros. Destacando uma dessas intervenções, em sua encíclica *Humani generis* (1950) o papa Pio XII procurou prevenir os fiéis contra as possíveis interpretações errôneas provenientes da teoria da evolução, do existencialismo e do historicismo.

Atualmente, há o perigo do fim da metafísica e da recaída no fideísmo: o biblicismo, que faz da leitura da Sagrada Escritura o único caminho possível para se chegar à verdade. O biblicismo exclui, assim, o percurso filosófico, proveniente do exercício da razão especulativa natural. Outro grave perigo é o do predomínio da "verdade relativa". Neste caso, uma verdade possível será sempre fruto de consenso, e nunca de uma objetividade da verdade. Por isso, mais uma vez, Pio XII destaca a necessidade de não se perder de vista a paixão pela verdade última.

2. Solicitude da Igreja pela filosofia

O papa destaca que a Igreja não estabeleceu apenas críticas em relação aos desdobramentos filosóficos, ao contrário. Exemplo disso é a encíclica *AEterni Patris*, de 1879, na qual o Papa Leão XIII confirmou os princípios fundamentais para uma genuína renovação do pensamento filosófico. Nesta encíclica, Leão XIII reconhece a necessidade da revisita ao pensamento tomista, que recebeu um grande incentivo.

Porém, a retomada do pensamento filosófico não se restringiu à renovação tomista e neotomista, como no caso da fenomenologia que, partindo da imanência, se abre à transcendência. Também o Concílio Vaticano II dá grande destaque ao papel da filosofia, ocupando-se principalmente com o estudo que os candidatos ao sacerdócio devem realizar. Nele, incentiva-se o estudo sólido e coerente da antropologia, do mundo e de Deus.

O papa João Paulo II assinala o fato de que, após o Concílio Vaticano II, muitas escolas católicas declinaram no ensino da Filosofia, apresentando um certo desinteresse pelo seu estudo. Ele, porém, confirma o grande interesse que a Igreja pela filosofia e volta a ressaltar sua importância fundamental para os estudos teológicos (Paulo II, 1998, p. 86).

Interação da teologia com a filosofia

1. A ciência da fé e as exigências da razão filosófica

João Paulo II procura lembrar aqui algumas funções próprias da teologia que exigem o recurso à filosofia. A teologia está subdividida em dois princípios metodológicos: *auditus fidei*, o conteúdo da fé explicitado na Sagrada Escritura, na Tradição e no Magistério vivo da Igreja; e *intellectus fidei*, a fé pensada a partir da reflexão especulativa.

No que tange ao *auditus fidei*, a filosofia auxilia porque seu objeto de pesquisa é o conceito. A terminologia correta é assaz eficaz na transmissão da mensagem cristã, do dado da Revelação (dissertar conceitualmente). No que tange ao *intellectus fidei*, a filosofia contribui com o exercício do pensamento lógico, da estrutura coerente e articulada do pensamento, através de seu método argumentativo que conclama por coerência e coesão e proporciona a sistematicidade de um pensamento, isto é, a coerência lógica de suas partes (argumentar logicamente).

O papa João Paulo II declara que a teologia dogmática deve ser capaz de articular o mistério da Trindade Santa através da narração conceitual e do método argumentativo, além de pressupor a vigência do ser e da verdade objetiva. A teologia moral, por sua vez, necessita recorrer aos conceitos filosóficos de ordem ética para poder argumentar. A compreensão, por parte dos fiéis, do papel da liberdade na Nova Aliança, solicita o exercício do raciocínio com vistas a uma decisão ética coerente com a mensagem cristã. A teologia fundamental, que tem por objetivo definir as razões da fé, precisa explicitar a relação entre fé e reflexão filosófica.

2. Diferentes estágios da filosofia

(1) Estágio da filosofia totalmente independente da Revelação evangélica: período anterior ao nascimento de Jesus Cristo.

(2) Estágio da filosofia cristã: não se pretende dizer que é a filosofia oficial da Igreja, mas a filosofia elaborada por filósofos cristãos que não queriam contradizer a fé. Tem dois aspectos: um subjetivo, que consiste na purificação da razão por parte da fé; e outro objetivo, que diz respeito aos conteúdos, pois embora a verdade seja acessível à razão, esta não chegaria à verdade última sem o dado da Revelação.

(3) Estágio em que a própria teologia chama em causa a filosofia, já que a teologia sempre teve necessidade do contributo filosófico para realizar o trabalho crítico da razão à luz da fé. A filosofia verifica também a inteligibilidade e a verdade universal das afirmações teológicas, e, por isso, foi denominada "serva da teologia" (*ancilla theologiae*). Nesse estágio, o magistério eclesiástico exerce sua autoridade no que diz respeito à compreensão da Revelação.

Exigências e tarefas atuais

1. As exigências irrenunciáveis da palavra de Deus
No mistério da encarnação do Filho de Deus, a natureza divina e a natureza humana permanecem salvaguardadas, com suas respectivas autonomias, manifestando-se o vínculo único desse mútuo relacionamento, que não é possível se o ser humano se fechar em si mesmo, fechar-se à transcendência. Por isso, é imprescindível que a filosofia volte a encontrar a dimensão sapiencial, isto é, a dimensão do não saber, da insuficiência do ser humano, para que ele se abra, novamente, à questão da verdade.

Sem essa busca pelo sentido último da existência, a filosofia não será capaz de alcançar o fundamento natural do sentido, que é a vigência da experiência de Deus em cada pessoa. Por outro lado, a filosofia deve buscar a verdade objetiva e assim compreendê-la; não pode estar restrita ao mero aparecer, mas deve, sim, estar voltada ao ser. Por fim, a filosofia deve procurar um verdadeiro alcance, um voo metafísico, fruto de um profundo exercício especulativo. O retorno à atividade metafísica é imprescindível.

O papa João Paulo II ainda apresenta, nessa parte da encíclica, os perigos imanentes à atividade filosófica:

(1) O ecletismo, comportamento de quem costuma assumir as ideias de várias correntes filosóficas, às vezes dissociadas de seu contexto histórico.

(2) O historicismo, que estabelece a verdade de uma filosofia de acordo com sua adequação a um determinado período histórico, a uma função histórica específica.

(3) O cientificismo, que só reconhece como válidas as verdades provenientes das ciências positivas.

(4) O pragmatismo, atitude de quem baseia suas opções a partir do benefício próprio, isento de qualquer reflexão abstrata ou padrão ético de comportamento.

2. Tarefas atuais da teologia

A partir do Concílio Vaticano II, a teologia renovou sua metodologia com o intuito de se tornar mais eficaz na evangelização; mas, por outro lado, também decidiu manter o olhar fixo na verdade última que lhe foi confiada por meio da Revelação.

Como seu objetivo fundamental será sempre *apresentar a compreensão da Revelação e o conteúdo da fé* (Paulo II, 1998, p. 124), a teologia tem a obrigação primeira de fazer com que a mente humana compreenda o mistério da *kênosis*.

A teologia moral também exige, urgentemente, a recuperação da filosofia para a compreensão da fé que diz respeito ao agir por parte dos fiéis. A verdade no campo moral é uma das exigências mais prementes numa época denominada "pós-modernidade".

Conclusão

Em resumo, essa encíclica gira todo o tempo em torno da questão da verdade e da necessidade de uma retomada da reflexão acerca da verdade objetiva por parte da filosofia, um encaminhamento decisivo para a nova evangelização. É no esforço de transcendência que o ser humano sai de si mesmo, e pode encontrar a verdade. Num mundo plural, e que conclama ao diálogo, a teologia deve estar preparada para, dialogando, não abrir mãos das verdades provenientes da Revelação da qual a Igreja é fiel depositária, papel a Igreja também credita à filosofia.

-3-
A NOVA EVANGELIZAÇÃO

A preocupação com a crise histórica na qual estamos imersos, e o consequente "supermercado religioso", fruto da crise axiológica — de não mais sabermos o que é a vida, o mundo, a realidade, e, exatamente por isso, não sabermos mais como viver, como conduzir a existência de modo a vivê-la na vigência tanto da felicidade, quanto da justiça — não é uma experiência exclusiva do nosso tempo histórico. Estava igualmente presente na passagem do mundo greco-romano e na transição do mundo medieval para o mundo moderno (Ortega y Gasset, 1989, pp. 67-79). O desafio que hoje enfrentamos é o de redescobrir de modo autêntico o caminho da fé, de modo que essa real conversão leve a uma mudança no modo de sentir, pensar e compreender o mundo, e também de vivê-lo.

Neste sentido, compreender o conteúdo da fé — *fides quae* — é de fundamental importância, diante das hodiernas formas híbridas de religião, o que tampouco é uma novidade histórica. O cristianismo primevo também passou por essa etapa, embora não esperássemos que ela retornasse dois mil anos depois. O retorno do paganismo e do politeísmo — característico de épocas de crise — conclama por uma nova evangelização, por um colocar de novo as questões cruciais da existência humana:

Quem é o ser humano?

O que é a realidade?

Deus existe?

Se Ele existe, quem, então, é Ele?

Todas estas questões fundamentais exigem a coragem de interrogar, pôr-se em questão, a fim de que a reação não seja uma mera conformação situacional, mas uma resposta decisiva que conclame o ser da pessoa e o sentido da vida.

Toda crise, seja ela pessoal ou coletiva, caracteriza-se por um não saber fundamental. Por isso mesmo, abre-se neste momento de crise a possibilidade do novo na história, de uma nova maneira de se fazer a imersão na profunda experiência que é o encontro com o Cristo ressuscitado.

Joseph Ratzinger explicita que o cristianismo não é uma adesão a uma teoria, mas sim, a uma Pessoa, já que a característica mais profunda da fé cristã é seu caráter pessoal. Esta autêntica experiência de fé pode ser o caminho da religação do ser humano com a sua razão mais própria. A resposta que a fé se propõe a dar, no que tange à pergunta fundamental acerca da vida, a racionalidade instrumental não quer mais se colocar, daí o niilismo da "morte de Deus". Por outro lado, a coragem que a fé remonta por assumir o ainda não visível pode ser o lugar privilegiado de recuperação da totalidade, o lugar da esperança num porvir mais justo e humano, em meio a um mundo consumista e técnico-cientificista.

A nosso ver, a questão mais decisiva para se pensar a Nova Evangelização é a questão do sentido — a necessidade intrínseca ao homem de perguntar pelo sentido, quer se queira ou não, quer ele saiba ou não. A palavra "sentido" significa encaminhamento, direcionamento, norte, norteador; por outro lado, pode também significar importância, razão de ser. O fato é que a necessidade de se ocupar do significado do termo "sentido" é específica do vivente humano. O macaco, o cachorro e outros animais não precisam de sentido, uma vez que não precisam fazer nada para serem o que já são. Distintamente, o ser humano é um por-fazer, não está pronto, é inacabado. O rumo que ele toma, a forma como reage às diversas situações, depende do modo como compreende a vida e o fato de ser humano. Sendo assim, retornam as interrogações fundamentais, das quais falamos anteriormente.

A Nova Evangelização conclama cada fiel a recolocar para si mesmo essa pergunta que angustiou os nossos antepassados e continua a nos angustiar, ainda que dela, não tenhamos consciência. Logo, cabe a questão essencial: será que, na realidade, só existe aquilo que os sentidos podem perceber? Bem sabemos que não! A própria ciência nos dá hoje fartos exemplos: milhares de vírus que não eram detectados antigamente e hoje o são, através de potentes microscópios; a física quântica (Pessoa Jr., 2005, pp. 1-8), que vem demonstrando em laboratório que toda matéria ora se expressa como partícula e ora como onda, sendo que a onda não passa de uma partícula estacionada; a velocidade da luz em relação ao som.

Na história da filosofia, Platão, Kant e Descartes (Marcondes, 2000, pp. 50-58, 159-175) já pensaram essa questão, demonstrando a vigência de diversos níveis na realidade e a real possibilidade de captação desses mesmos níveis pela inteligência humana. Porém, pouco a pouco, ao longo da história do Ocidente, estes níveis foram sendo esquecidos, ficando a compreensão da realidade cada vez mais restrita ao nível da imanência, como se os dados materiais, captáveis pelos cinco sentidos (olfato, visão, tato, paladar e audição), dessem conta da totalidade da realidade.

Porém, o fato é que, historicamente, o predomínio do conhecimento imanente reforçou as bases de uma racionalidade instrumental, sustentáculo de uma época técnico-científica. E este pensamento dominante tem feito de nós, humanos, seres mais miméticos do que originais. A relação única e ímpar com Cristo pode, sem dúvida, nos arrancar do lamaçal da mediocridade, da injustiça e da perversidade.

Isso ocorreu devido ao nosso medo de assumir nossas fraquezas, fragilidades e inseguranças enquanto humanos. Optamos por viver de modo a dominar o que está fora do ser humano, a tentar controlar os raios, as potências da natureza, a nossa feiura, a nossa velhice... Enfim, de tentar não ser aquilo que somos. Foi esse rasgo de insanidade, de rebeldia diante da realidade ela-mesma que nos fez negar nossa debilidade, e por isso criamos um mundo conforme nossa imaginação, um mundo do qual somos donos, senhores do céu e da terra, controladores do nosso destino, esquecendo que o preço está na exclusão de muitos e na vigência da injustiça.

Por outro lado, a história da humanidade é feita de etapas, como afirma Hegel em *Fenomenologia do Espírito* (Hegel, 1807). Ao longo da história do Ocidente, várias interpretações da realidade foram sendo dadas e absorvidas pela cultura de cada época. A mentalidade atual é essencialmente tecnológica, e, portanto, manipuladora, demarcando assim uma postura perversa, já que fecha os olhos à realidade e só vê aquilo que lhe interessa. Trata-se de um nível de imaturidade antropológica, e consequente imaturidade moral. Vivemos sob baixos níveis de moralidade porque são baixos os níveis de compreensão, tanto da realidade quanto da antropologia.

No entanto, o fato de estarmos passando por uma crise histórica não quer dizer que não podemos dar um salto que nos projete para outro momento histórico, para uma estação de superação das dicotomias. O papa Bento XVI (Ratzinger, 2005, pp. 31-60) deixa claro que, ao longo da história do Ocidente, houve uma mudança na compreensão do conceito de verdade que foi decisiva para o estabelecimento da racionalidade instrumental, e que é, por sua vez, decisiva para a saída dessa mesma racionalidade restritiva.

A fim de que se possa reaprender a pensar a razão humana de modo ampliado, faz-se necessário compreender o conceito de verdade de outra maneira.

-4-
ENSAIO FILOSÓFICO

Neste ensaio pretendemos demonstrar as diferenças existentes na compreensão do conceito filosófico de verdade, a partir da distinção entre as dimensões ôntico-ontológica da realidade já praticada entre os pensadores pré-socráticos (Simplício, 1994, p. 252). De fato, já aparecia no proêmio de Parmênides (séculos VI e V a.C.), que nos foi legado por Simplício em seu *Caelo* (Simplício, 1994, pp. 557, 25 e ss). No verso de número vinte e nove, aparecem os seguintes termos gregos: *ἀληθείης εὐκυκλέος*, o que em português quer dizer "a verdade bem redonda".

Esta confusão conceitual é a causa de grandes equívocos, não só ao longo da história do ocidente, bem como na atualidade, acarretando com isso cortes epistemológicos que, em termos de vida humana, levam a afastamentos, brigas, dissensões e desarmonia. Em termos teológicos, leva à impossibilidade de se compreender Deus como Pessoa, além de restringir a vida do fiel ao ambiente do puro conhecimento ou da mera adesão, dissociando-o da vida prática, da vida cotidiana.

Por fim, a melhor compreensão dessas diferenças pode auxiliar no avanço do paradigma epistemológico na pós-modernidade.

1. O conceito de juízo

Juízo é o corolário natural da ação de ajuizar, ou de julgar. Em filosofia, ajuizar é afirmar ou negar algo sobre algo (S é P). Pressupõe, neste sentido, um sujeito e um objeto, a vigência de diferentes, e também que o sujeito deverá descrever o objeto sobre o qual irá, posteriormente, ajuizar.

A questão central está no fato de que, antes de ajuizar, o sujeito tem que descrever o estado de coisas, deve dizer primeiramente o que a coisa é, para, num segundo momento, afirmar algo sobre ela — tal é a distinção entre conceito e juízo em Lógica Filosófica. O conceito é o nome da coisa, o juízo é uma afirmação ou negação acerca desta coisa.

Definir o estado de coisas é sempre uma afirmação sobre algo cuja dimensão é objetiva, isto é, algo passível de ser apreendido pelos cinco sentidos e que se encontra numa coordenada de tempo e de espaço, algo universalmente acessível a todo e qualquer ser humano, a menos que o sujeito não esteja na mesma coordenada de tempo e espaço do objeto.

A dimensão objetiva tem sua origem etimológica na palavra latina *ob-jectum*, que, por sua vez, significa "jogado, lançado diante de alguém": o sujeito. O prefixo *"ob"* marca a distinção: *"ob"* é o mesmo que "diante de". Já o prefixo *sub* é a tradução latina do prefixo grego ἱπό, *hypó*, que quer dizer "embaixo de". O prefixo aparece nas palavras portuguesas substrato, subjacente e subliminar, dentre outras. Refere-se a algo recôndito, que não é passível de ser visto. Sendo assim, *subjectum*, sujeito, remete-nos a "estar jogado por baixo de", ou melhor, dentro de. Trata-se da interioridade subjacente ao sujeito humano.

Distintamente do conceito de coisa, o juízo tem uma dimensão subjetiva, uma vez que não é a mera descrição do *status quo*, mas sim uma afirmação ou negação do sujeito acerca do objeto. Como a centralidade do juízo consiste na afirmação ou negação do sujeito, ela pode ser falsa ou verdadeira.

1.1 Juízo axiológico

O termo "axiologia" provém da palavra grega ἄξιος, que na transliteração latina aparece como áxios. Áxios é aquilo que é valoroso, que tem valor de, que é digno. A axiologia, portanto, é o ramo da filosofia que reflete acerca do que é desejável por si mesmo, independente dos interesses particularistas (Audi, 2006, pp. 931-932). Um juízo axiológico, ou de valor, é uma afirmação ou negação do valor de algo, uma afirmação ou negação que remete à essência daquilo que se valora. No entanto, no cotidiano, não é isso que verificamos. Na maioria das vezes, ajuizar passa a ser o mesmo que afirmar ou negar algo sobre algo a partir do "meu" interesse e das "minhas" perspectivas, hábitos e costumes culturais, afetivos, vivenciais, dentre outros, perdendo, assim, a relação com o tema da verdade.

A nódoa basilar da questão do valor é que, mormente, o sujeito ajuíza axiologicamente a partir daquilo que lhe agrada ou desagrada, ou seja, a partir do interesse privado, e não do interesse público, a partir do συμ-πάθος e do ἀντι-πάθος. A palavra grega *páthos* quer dizer paixão, mas não no sentido que compreendemos hodiernamente de forte emoção, mas no senso de passividade. A palavra latina para *páthos* é *affectio-ônis*, que quer dizer efeito, impressão, influência. *Páthos* significa "ser afetado", padecer. Por essa razão, como a afetividade é uma impressão que ocorre na interioridade do sujeito, é extremamente difícil que o mesmo consiga transcender a sensibilidade para projetar-se em algo que está para além dele mesmo e avaliar, isto é, ajuizar axiologicamente segundo uma regra de universalidade, e não segundo uma regra privada.

1.2 Juízo de realidade

O que nomeamos aqui através da fórmula "juízo de realidade" é tanto a definição greco-romana como tomista de verdade: *veritas est adaequatio intellectus ad rem*, caracterizando a metafísica da objetividade, bem como a definição do mesmo conceito de verdade para alguns pensadores modernos, contemporâneos e pós-modernos: *veritas est adaequatio rei et intellectus*, a assim chamada metafísica da subjetividade.

Isso posto, o juízo de realidade é a afirmação ou negação acerca da verificação da veracidade ou da falsidade entre nome e coisa. Ao longo da história da tradição metafísica, muito se discutiu em torno da prioridade epistemológica — se esta caberia ao ser humano e, portanto, ao intelecto, à subjetividade, ou se o predomínio caberia às coisas, ao real, à objetividade. O fato é que o juízo de realidade é o ato de afirmar ou negar se a assertiva lógica corresponde ao real, ao factual. Logo, ele é ou verdadeiro ou falso.

2. O conceito de verdade acerca da dimensão ôntico-ontológica

Vimos que o "juízo de realidade" expressa que tal assertiva é ou verdadeira ou falsa. Verdadeiro é uma qualidade da proposição que está adequada à coisa, à realidade. Mas será que a verdade é o verdadeiro? O verdadeiro não seria apenas a qualidade de uma proposição que é simplesmente uma expressão humana? Podemos afirmar que reduzir toda a dinamicidade da realidade à proposição, à assertiva humana, está conforme a lei da razão?

Essa pergunta já foi respondida por Immanuel Kant, filósofo alemão do século XVIII, pensador que é um marco na história da filosofia. Não é mais possível pensar excluindo as considerações propostas por Kant. E por quê? Porque Kant estabeleceu em sua *Crítica da Razão Pura* os limites para o uso da razão humana, suas capacidades e suas impossibilidades. Nessa obra, no artigo quarto das Observações Gerais sobre a Estética Transcendental, Kant afirma que a intuição é *intuitus derivatus*.

E o que isto significa? Significa que o sujeito cognoscente, por possuir a faculdade da sensibilidade, isto é a capacidade de ser afetado pelo objeto e receber as impressões sensíveis provenientes desse mesmo objeto, é capaz de percepcioná-lo.

No entanto, para que isto ocorra, é imprescindível que o objeto esteja diante do sujeito cognoscente. Faz-se necessário que tanto o sujeito como o objeto estejam um diante do outro no mesmo lugar e ao mesmo tempo. A isso Kant denominou "intuição derivada" — derivada porque depende da presença do objeto diante do sujeito, que, por sua vez, não é capaz de fazer com que os objetos estejam diante dele na hora que ele quiser para poder percepcioná-los, já que é a partir daí e somente aí que o conhecimento tem início.

Kant afirma que a razão humana é capaz de conhecer o objeto, a dimensão ôntica da realidade composta por indivíduos materiais, sejam seres humanos ou produtos da ação humana ou natureza, e que possuam um contorno físico que os individualize. Objeto, pois, é a coisa concreta, o indivíduo concreto passível de ser apreendido pelos cinco órgãos sensoriais. O que não é objetal pode ser pensado, mas não conhecido.

Não poder ser conhecido, porém, não significa que não exista. Não existe como coisa, mas isso não extingue sua existência, sua possibilidade de ser. Para Kant, Deus é objetal, e por isso ele pode ser pensado, mas nunca, definitivamente, conhecido.

Aristóteles já havia afirmado, em sua *Metafísica* (Aristóteles, 1987, p. 322), que o τò ὄν, *ens* em latim, ente, em português, possui duas dimensões: uma substancial, que ele denominou οὐσία, substância, e uma dimensão categorial, κατεγοριαί. O que Aristóteles chamou de *ousía* é o que tentamos aqui interpretar como dimensão ontológica da realidade, e as *kategoriaí* como a dimensão ôntica.

Martin Heidegger, filósofo do século XX, procurou tematizar esse problema a partir de sua obra inaugural *Sein und Zeit*, em que já começa a demonstrar que o ser (dimensão ontológica), distintamente do ente (dimensão ôntica), possui sua dinamicidade aliada ao tempo: o ser se dá no tempo.

Em *Beiträge zur Philosophie*, Heidegger afirma que

a dinâmica própria do *Seyn* (Heidegger, 1994, p. 239), é o *Ereignis*, o acontecer. O ser, pois, acontece. Acontecer, porém, não quer dizer apenas tornar-se ente, individualizar-se, mas, também, vir à luz, aparecer, manifestar-se, do grego φαίνω. E nem tudo que se manifesta é ôntico.

Quando afirmamos que Deus se revelou e que continua se revelando ao homem, estamos compreendendo Deus a partir da referência da verdade ontológica, e não epistêmica.

A questão do ser, para Heidegger, transcende a realidade ôntica do ente. A realidade ôntica é apreendida universalmente, pois é captada pelos cinco sentidos; por isso, ao longo da história da humanidade sobre a terra procurou-se aumentar o conhecimento humano acerca dos entes, das coisas, da natureza. Basicamente, é um olhar para fora, conhecer o que é diferente de nós.

O ser, no entanto, não se mostra plenamente e o tempo todo, como ocorre com o ente, porque aparece no tempo. Isto não invalida, porém, a possibilidade de o pressentirmos, o que exige uma escuta arguta, exige e clama pelo pensar que sabe que não irá instrumentalizar, manipular, controlar, dominar, reter. Mas isso é algo de somenos, e compõe a dinamicidade do ser, sua propriedade mais própria: a vigência da liberdade. A vida não é o que nós queremos que ela seja; ela simplesmente é. Por mais que estejamos insatisfeitos com a realidade em torno de nós, ela não mudará como num toque de mágica, ainda que vivamos "sonhando", fantasiando essa possibilidade. Outrora tínhamos a hermenêutica mítica da realidade; hoje, temos, em alguns casos, as fórmulas medicamentosas.

Com isso não estabelecemos um juízo moral; apenas queremos reiterar que a vida tem sua dinâmica própria, e os gregos sabiam disso: através do termo καιρός, expressavam a compreensão de tempo propício, de tempo próprio.

Em sua obra intitulada *Einführung in die Metaphysik*, Heidegger afirma:

> É certo e na melhor ordem dizer: "Com a filosofia nada se pode começar". Errado é pensar somente que com isso o juízo

sobre a filosofia terminou. Vem ainda um pequeno acréscimo, na figura de uma contrapergunta: se *nós* não podemos começar nada com ela, ao fim a filosofia não começa algo conosco se travarmos relações com ela? (grifamos) (Heidegger, 1953, pp. 9-10)

O mesmo se pode dizer com relação a Deus. Não é porque não podemos controlá-lo que Ele não pode nos transformar.

Nessa passagem, como também em *Sein und Zeit*, Heidegger demarca terreno na antropologia filosófica ao deslocar o problema do ente. Da dimensão epistemológica, ele o encaminha para a dimensão ontológica e antropológica, originando, assim, a questão da autenticidade e da inautenticidade — a mesma problemática da diferença ontológica. Ou seja, Heidegger translada para a antropologia a diferença entre ente e ser. O que é então a dimensão ôntico-ontológica no ser humano? A dimensão ôntica descreve o simples fato de estarmos no mundo. O homem é um *in-der-Welt-sein*, e o modo mais corriqueiro de ser no mundo é ser no impessoal, conforme a palavra alemã *Man*.

O "a gente" representa o modo de ser "como todos e ninguém ao mesmo tempo". Caracteriza o fato de, mormente, já estarmos imersos num mundo, isto é, numa dada cultura, com seus costumes, hábitos, ideologias e visões de mundo. Para Heidegger, "mundo" é sempre mundo espiritual (Heidegger, 2006, pp. 561-598); mundo significa potencialidades, possibilidades humanas. Onde há uma visão de mundo dominante e globalmente forte, o espírito se desvanece e o mundo se cristaliza, depauperando-se. Sendo assim, o homem não conhece a verdade, mas pode vivê-la e, deste modo, encontrá-la. Por isso, não se trata de um problema de ordem cognoscitiva, mas sim de uma questão de ordem ontológica.

Para facilitarmos a compreensão, vamos estabelecer alguns esquemas que facilitem a visualização:

Verdadeiro — Juízo subjetivo ➜ *Dimensão ôntica e epistemológica* ➜ Conhecimento do ente, das coisas.

Verdade — Superação da dicotomia *subjetividade/ objetividade* ➔ *Dimensão ontológica* ➔ Relação com o Ser.

Antropologia — A partir da epistemologia e da *dimensão ôntica* ➔ sujeito cognoscente.

Antropologia — A partir da *dimensão ontológica* ➔ ser de relação.

Conclusão

Em termos teológicos, essa reviravolta no conceito de verdade é fundamental para compreendermos Deus como Pessoa. Quando afirma que "o cristianismo se colocou decididamente ao lado da verdade, dando as costas a uma concepção de religião que se satisfaz em ser figura cerimonial, à qual se pode atribuir até algum sentido pela via da interpretação" (Ratzinger, 2005, p. 106), o papa Bento XVI está querendo dizer que o conceito de verdade é decisivo para a compreensão do cristianismo. Ora, quando entendemos o conceito de verdade como pertencente à dimensão do conhecimento humano, estamos querendo dizer com isso que o cristianismo é uma experiência simplesmente teórica — um dos grandes problemas do cristianismo na atualidade, pois, apesar de ser confessional, o cristão nem sempre o afirma em sua vida prática, em sua práxis, como se fosse uma teoria desvinculada da prática.

Por outro lado, quando o papa afirma que "o Deus da fé é determinado, fundamentalmente, pela categoria da relação. Ele é abertura criadora que abrange o todo. Com isso ficaram instituídas uma imagem do mundo e uma ordem totalmente nova do universo (...) o modo do ser inclui o elemento da relação" (Ratzinger, 2005, p. 110), adentramos a compreensão ontológica do conceito de verdade, e, consequentemente, do conceito de ser. Se o ser é entendido como quididade, como aquilo que é, estamos compreendendo o ser como ente; e o ente, por sua vez, é algo determinado, individualizado — aquilo que nós somos; mas que tudo aquilo que está fora do ser humano também é. Neste sentido, o ente é aquilo que podemos tentar controlar, manipular e dominar, pois podemos pensar nele como uma coisa.

Agora, quando o ser é o como e não mais o quê, aí, sim, o conceito de verdade deixa de ser uma mera experiência teórica para tornar-se uma vivência relacional. Não importa mais o que se estuda, mas como se estuda. Este entendimento ontológico do ser permite a compreensão da relação do homem com Deus. Não cabe ao homem entender completamente o mistério da verdade, mas lhe é possível relacionar-se com esse mistério.

No entanto, toda e qualquer compreensão metafísica da realidade está sempre fundamentada numa compreensão antropológica. Se se entende o ser humano como um mero animal racional, torna-se fácil compreender o ser humano como um sujeito de conhecimento, e pensar o ser como um ente do qual devo me aproximar buscando chegar a uma assertiva verdadeira, e reduzir tudo isto à verdade.

Porém, se se entende que o conhecimento é insuficiente para a definição de quem é o ser humano, que o conhecimento é algo secundário na vida humana e que a experiência mais originária do ser humano é a relacional, pode-se pensar o ser como algo não dominável, e a verdade como pertencente à dimensão ontológica da realidade.

Em termos teológicos, o cristianismo não é uma experiência teórica, mas um encontro entre Pessoas, entre Vidas. Por esta razão, a compreensão do conceito de verdade no domínio epistemológico que tem predominado desde a modernidade vem assaz dificultando o salto que permitiria ao fiel relacionar-se na intimidade com o Deus Vivo, podendo assim se relacionar em liberdade consigo mesmo e com os outros.

-5-

O PROBLEMA DO JESUS HISTÓRICO

PRESSUPOSTO TEÓRICO, CONCEITUAÇÃO E HISTÓRIA DA PESQUISA

1. Pressuposto teórico

Distintamente de outras religiões, o cristianismo tem na história seu traço fundamental e decisivo. Isto ocorre porque os Evangelhos narram acontecimentos históricos, ocorridos entre pessoas, em determinados lugares. Dentre estes, o de suma importância é o fato de haver Deus entrado na história e ter-se feito homem. O fato de Deus ter estado presente numa dada coordenada de tempo e espaço leva à necessidade de verificação histórica. Não é um Deus tão somente transcendente, mas também imanente, e, por isso, histórico.

Sendo assim, para que o cristianismo seja crível faz-se necessário que se possa chegar até o Jesus da história, através dos evangelhos. Hodiernamente já sabemos, após três séculos de pesquisa e um debate acirrado e acalorado, que o gênero literário "Evangelho" é um gênero único, cujos autores literários eram pessoas de fé, ligadas a uma comunidade, e tinham como objetivo fundamental o *κήρύγμα*.

Neste sentido, posto que Jesus não escreveu nada sobre os eventos que ele vivenciou, e posto que o gênero literário "Evangelho" não é um livro de ciência histórica, pois seu objetivo é querigmático, faz-se mister demonstrar, provar a continuidade entre o Jesus histórico e o Cristo querigmático. O Jesus da história e o Cristo do querigma têm que ser um só e o mesmo, caso contrário está invalidado o fundamento no qual o cristianismo se assenta. Jesus não sendo Deus encarnado, cairia por terra o modelo trinitário do monoteísmo cristão. Continuar-se-ia, assim, no monoteísmo judaico, e o cristianismo teria sido uma mera invenção ou fantasia de uma comunidade de crentes.

Outrossim, com o avanço da pesquisa em exegese bíblica, podemos afirmar que o texto que conhecemos hoje dos evangelhos possui várias camadas redacionais, o que dificulta a hermenêutica do texto e nossa proximidade com o Jesus filho do carpinteiro, o itinerante que causou grande impacto nas pessoas da época a ponto de elas virem a mudar suas vidas, a narrarem, a testemunharem o que consideraram como sendo o grande evento histórico: a encarnação do filho de Deus.

2. Conceituação

"Jesus histórico" é a expressão técnica mediante a qual se efetua uma distinção importante no âmbito interno da cristologia. De fato, com o emprego do adjetivo "histórico" pretende-se salientar que os dados obtidos constituem a conclusão de um procedimento conduzido com metodologia científica.

O "Jesus histórico" não se identifica com o Jesus de Nazaré e tampouco com Cristo; com efeito, a expressão Jesus de Nazaré refere-se ao Jesus real, que existiu historicamente em determinada região geográfica, e que está nas origens do cristianismo. Com Cristo, destaca-se, preferencialmente, o componente da pregação da Igreja primitiva que, à luz da ressurreição, proclama e professa sua fé no Senhor como cumprimento de antigas promessas.

A história da pesquisa sobre o Jesus histórico circunscre-ve-se em linhas gerais em três grandes etapas, sendo que a última ma ainda se subdivide em outras três. A primeira grande etapa situa-se entre os séculos XVIII e XIX; a segunda faz referência, de modo particular, a Rudolf Bultmann e sua teoria da história da forma, e pode inserir-se entre o início do século até em torno de 1953; e uma terceira etapa pós-bultmaniana, que se divide em três gerações.

3. Pesquisa histórica

Até o século XVIII, ninguém havia posto em questão a autenticidade histórica dos Evangelhos, pois os exegetas se apoiavam no testemunho da tradição.

No entanto, H. S. Reimarus (1694-1768), professor de línguas orientais em Hamburgo,[1] escreveu uma obra filosófica que se assemelhava a um livro de religião natural (Reimarus, 1775), no mesmo estilo de David Hume.[2] Porém, em seu livro sobre o Jesus histórico, *Apologie oder Schutzschrift für die vernünftigen Verehrer Gottes* (1774), Reimarus vai além, e explicita sua tese de que Jesus teria sido um messias político que sonhara em estabelecer um reino temporal e libertar os judeus do jugo estrangeiro, mas cujo projeto fracassara. Então os discí-pulos, decepcionados, inventaram a mensagem da ressurreição e o apresentaram como o Messias Apocalíptico de Daniel (La-tourelle, 1989, p. 30). Neste sentido, foi Reimarus o primeiro a esvaziar os Evangelhos de seu conteúdo, tanto sobrenatural quanto histórico.

---

1 Reimarus, figura decisiva na escrita do "Jesus histórico", escreveu um ma-nuscrito em torno de 4.000 páginas, *Apologie oder Schutzschrift für die ver-nünftigen Verehrer Gottes* [Apologia ou defesa dos reverenciadores racionais de Deus] descoberto por G. E. Lessing, que o publicou em sete fascículos entre os anos 1774 e 1778.

2 Filósofo e historiador escocês (1711-1776) que discutiu o entendimento humano, a religião natural e o princípio da moral, entre outros temas.

Já D. F. Strauss (1808-1874) publicou em 1837 uma obra intitulada *Das Leben Jesu* [*A vida de Jesus*]. Strauss foi o primeiro autor a fazer uso do conceito de "mito". Para ele, o mito que aparece no Novo Testamento é a representação do ideal religioso dos primeiros cristãos, e não fatos ocorridos veridicamente. Além disso, ele afirma categoricamente que existe um *hiato intransponível entre Jesus de Nazaré e o Cristo dos Evangelhos, em consequência da ação avassaladora do mito* (grifamos) (Latourelle, 1989, p. 30).

Em contraposição a esse pensamento cético, surgiu a *Escola Liberal* (Schweitzer, 1911), cujos representantes são Holtzmann, Weisäcker, Hase, Weiss, Schenkel. Harnack e Ernst Renan. A Escola se caracteriza por apostar terminantemente na hipótese de que é possível chegar ao Jesus histórico, a partir da teoria das duas fontes. Houve críticas, pois, argumenta-se, pode-se depreender vários homens Jesus, tudo depende da perspectiva do pesquisador: o Jesus revolucionário, o Jesus filósofo, o Jesus moralista.

Em 1901, Wilhelm Wrede publicou sua tese sobre o segredo messiânico no Evangelho de Marcos, onde defende a hipótese interpretativa de que também o Evangelho de Marcos é um relato de base querigmática, e, por isso, o segredo messiânico seria uma invenção da Igreja primitiva. Sendo assim, o Evangelho de Marcos pertenceria à história do dogma. Fundamentado nesta hipótese, Wrede afirma que *o Evangelho de Marcos não fornece imagem histórica da vida real de Jesus. Apenas alguns pálidos vestígios ficaram retidos em sua narração* (Latourelle, 1989, p. 32).

Esta primeira fase da pesquisa, chamada de *"Old Quest"*, terminou no início do século com a famosa obra de Albert Schweitzer de 1906, *De Reimarus a Wrede: uma história da pesquisa sobre a vida de Jesus*, traduzida para o inglês em 1911 (Schweitzer, 1911), na qual ele passou em revista os principais estudos. A *Old Quest* moveu-se no terreno do historicismo, perdendo de vista o elemento histórico.

Rudolf Bultmann, exegeta luterano do século XX, encabeçou junto com Karl Barth a chamada *Escola Dialética,* que se desenvolveu após a primeira grande guerra mundial e estabeleceu uma virada copernicana em relação à Escola Liberal. A nova Escola reconquistou entre as ciências a autonomia da teologia, que havia estado cambaleante por causa da busca pelo Jesus histórico, que a tornara dependente das pesquisas na área da ciência histórica.

Através dos termos alemães *was*,[3] *wie* e *dass*,[4] Bultmann quis explicar que o que importa em seu pensamento é o fato de que Jesus existiu. Esta afirmação é proveniente de autores não-cristãos, de historiadores mais próximos da época de Jesus, sendo os principais Flávio Josefo e Tácito,[5] o que ratifica a tese

---

3 *Dass:* em português, trata-se da conjunção integrante, o nosso *que,* pois transpõe a oração ao nível de adjetivo e substantivo (oração substantiva). Ex: Ela sabe *que* está reprovada. *Sie weiss* dass *sie durchfällt ist.*
Was: pronome interrogativo, isto é, o pronome indefinido *o que;* e é empregado em perguntas diretas ou indiretas. Ex: O que é isso? *Was ist das?*
Wie: mesmo caso anterior, *como.* Como é isso? *Wie ist das?*
O fato, porém, é que tanto o *dass,* quanto o *was* e o *wie* dão início a orações substantivas. A diferença está no fato de que o *dass* é o *que* e o *was* é *o que.* Exemplo: *Ich weiss nicht* dass *er das macht* [eu não sei o que ele faz]. *Ich weiss nicht* was *er macht* [eu não sei o que ele faz]. Aqui o , apesar de ser um pronome, está em função de conjunção, mas como ele é *o que,* prescinde do uso do artigo definido *o* [*das*], distintamente do exemplo anterior com o *dass,* que necessita do uso do artigo. *Ich weiss nicht* wie *er das macht* [eu não sei como ele faz], onde também há necessidade do uso do artigo.
4 A filosofia alemã retoma a tradição implícita em alguns termos provenientes do mundo grego. É o caso da definição aristotélica do termo *ente* no livro A da *Metafísica* — Τò τì ἐστι —, traduzido para o latim por Guilherme de Mörbecke, discípulo de Tomás de Aquino como *quod quid est* [literalmente, o que é]. Surge então, em Aristóteles, o problema da quididade (do latim *quid*), o problema do quê. Em alemão, o termo foi traduzido por *dass.* Sendo assim, o problema do *dass* é o problema do quê, do que é, do dado objetivo, da dimensão ôntica da realidade. *Was* é a personalidade de Jesus, e *wie* é o como, o modo de ensinar.
5 As informações mais corretas de fora do Novo Testamento vêm a partir de dados combinados do historiador judeu Flávio Josefo, no final do primeiro século d.C., e do historiador Tácito Roma, no início do segundo século da Era Comum:

bultmanniana. No entanto, não é possível para nós, atualmente, nenhuma aproximação a pessoa de Jesus e o que ele pensava. Bultmann não nega a continuação material entre o Jesus da história e o Cristo querigmático, mas teologicamente jaz uma dicotomia, uma dualidade rompida, pois os Evangelhos são querigmáticos, e não biografias históricas. O mérito, porém, está no querigma e no impacto existencial que a fé provoca nos fiéis da comunidade, que clama por uma mudança qualitativa em suas vidas.

Por outro lado, Bultmann ratifica e aprofunda a tese de Strauss acerca do mito. Para Bultmann, todo o discurso neotestamentário é mitológico, e não apenas seus elementos secundários e marginais, e como tal não pode ser proposto ao homem hodierno. A imagem do mundo [*Weltbild*] presente no Novo Testamento é mítica e, por isso, se contrapõe à imagem do mundo da ciência moderna, que não consegue conceber o mundo penetrado por forças sobrenaturais. A presença de forças misteriosas não passa de influência do helenismo, do gnosticismo e do judaísmo apocalíptico.

"Demitizar", termo usado por Bultmann, significa dar

---

a) Cristo, o fundador do cristianismo, sofreu a pena de morte no reinado de Tibério, por sentença do procurador Pôncio Pilatos (...) a perniciosa superstição no início do segundo século foi contida em um determinado momento, apenas para quebrar mais uma vez (...) A expansão, não apenas na Judéia, o lar da doença, mas na própria capital, onde todas as coisas horríveis e vergonhosas do mundo coletar e encontrar uma moda" (Tácito, *Anais* 15,44).

b) Sobre este tempo viveu Jesus, um homem sábio, se é que se deve chamá-lo de um homem. Pois foi Ele quem operou maravilhas e foi professor de pessoas, como aceitar a verdade com prazer. Ele conquistou muitos judeus e muitos gregos. Ele era o Messias. Quando Pilatos, ao ouvi-lo acusado por homens da mais alta posição entre nós, condenou-o a ser crucificado, aqueles que em primeiro lugar vieram a amá-lo não desistiram de sua afeição por ele. No terceiro dia ele lhes apareceu de volta à vida, para os profetas de Deus tinham profetizado estas e inúmeras outras coisas maravilhosas sobre ele. Expansão e a tribo dos cristãos, assim chamados, depois dele, tem ainda a este dia, não desapareceram" (Flávio Josefo, *Antiguidades Judaicas* 18,63-64).

uma interpretação antropológica ou existencial aos enunciados do Novo Testamento, tornando clara a palavra decisiva e definitiva que Deus pronuncia a fim de que o homem viva uma vida autêntica.

Em síntese, Jesus foi um instrumento involuntário de Deus. Sem o querigma, Jesus seria um personagem histórico sem nenhuma importância, um ilustre desconhecido. Por isso, com suas teses, Rudolf Bultmann se tornou um marco, um referencial no problema teórico do Jesus histórico que não se pode desconsiderar e que, necessariamente, tem que ser percorrido. Podemos, porém, dizer que Bultmann se manteve preso aos trilhos da teologia existencial.

Joachim Jeremias foi um dos autores da primeira geração que mais procurou alertar para o perigo docetista que rondava a tese de Bultmann. Jeremias foi um estudioso do aramaico, do meio judaico, da crítica literária e da história das formas. Graças ao instrumental da crítica moderna, ele afirma, é possível decifrar os textos até chegar à sua gênese, ao Jesus da história — uma pesquisa imprescindível, já que, junto à ressurreição, a encarnação é um fator fundamental para o cristianismo.

A nova pesquisa sobre o Jesus histórico se deve, porém, a Ernst Käsemann, exegeta do Novo Testamento e ex-aluno de Bultmann que, em 1953, proferiu em Marburg uma conferência sobre "o problema do Jesus histórico", denominada pelo biblista norte-americano James Robinson *A New Quest of the Historical Jesus*". Essa conferência desencadeou um debate intenso, fazendo com que Käsemann continuasse investigando. Em 1959, proferiu outra conferência, desta vez em Heidelberg, com o título "A relação entre a mensagem de Cristo do cristianismo primitivo e o Jesus histórico", na qual definiu seu pensamento com maior precisão. Bultmann interviu, reacendendo o debate, e em 1964 publicou um ensaio intitulado "Beco sem saída na discussão sobre o Jesus histórico".

Nessa época, Bultmann estava para publicar o último volume da coletânea de seus estudos teológicos, *Crer e compreender*, e nele inseriu, em forma de conclusão, sua "Resposta a Käsemann", comentando a posição do autor, para quem há continuidade e unidade objetiva entre o Jesus histórico e o querigma da Igreja.

Outros discípulos de Bultmann, como Fuchs, Bornkamm, Conzelmann e Ebeling, também tentam construir uma ponte entre o Jesus histórico e o Cristo da fé. Dentre esses, Gerhard Ebeling foi um dos que mais se empenhou em sustentar o debate a respeito da nova questão do Jesus histórico, e um dos mais decididos a se distanciar de Bultmann. Para ele, o querigma cristológico não seria um disfarce da pessoa de Jesus, mas uma explicação do que implicava sua pessoa, seu anúncio.

Sintetizando, Käsemann afirma que o problema não consiste em saber se Jesus foi um judeu e um cristão como qualquer outro, e sim, em saber que esse judeu, de acordo com o testemunho comum da cristandade, é quem dá início e acabamento à fé, é o modelo originário da obediência a Deus; o novo Adão, como tal, não é pressuposto, e sim o centro do Novo Testamento. Neste sentido, a *New Quest* estabeleceu as premissas para a elaboração de uma teologia histórica.

A palavra "hermenêutica" provém do grego ἑρμηνεία: expressão, explicação, interpretação e provém do verbo ἑρμηνεύω que significa expor, expressar, interpretar, mas também, indicar. Designa a técnica de interpretação (*ars interpretandi*) e suas respectivas regras (*regulae interpretandi*), que servem de guia para a arte de interpretar os textos clássicos (hermenêutica literária), os textos bíblicos (hermenêutica bíblica), os cânones e os textos legislativos (hermenêutica jurídica).

No caso bíblico, entende-se por hermenêutica um conjunto de regras que preside a interpretação do texto bíblico: hermenêutica como teoria da exegese. Até então, a hermenêutica era considerada apenas um ramo do saber teológico; com a nova hermenêutica, se tornará uma dimensão de todo o trabalho teológico.

Para Friedrich Schleiermacher (1768-1834), fundador da hermenêutica moderna, a hermenêutica não deveria ser uma disciplina auxiliar de determinadas ciências, mas constituir-se como a arte de compreender em geral. Sem compreensão, não é possível nem interpretar, nem explicar. Quem compreende ultrapassa o texto, alcança o pensamento do autor; e aí, consequentemente, interpreta e explica. Esse salto é possível graças à identificação do intérprete com o pensamento do autor.

Wilhelm Dilthey, biógrafo de Schleiermacher, ressaltava que uma hermenêutica vigorosa só poderia ser produzida por alguém capaz de unir o virtuosismo da interpretação filológica a uma genuína capacidade filosófica. Na verdade, o encontro com um texto decifrado e compreendido é um encontro do espírito consigo mesmo; Dilthey, porém, concebia a hermenêutica como uma metodologia geral das ciências do espírito.

Martin Heidegger (1889-1976) discutiu fundamentalmente essa questão nos parágrafos 31-34 de *Sein und Zeit* [Ser e Tempo], abrindo uma nova perspectiva: sua analítica existencial foi definida como uma fenomenologia hermenêutica. Para Heidegger, explicar e interpretar remete à compreensão originária que constitui o ser do homem, é uma capacidade, uma possibilidade humana. O ser humano, distintamente das coisas simplesmente dadas — *Vorhandenheit* —, existe naquilo em que se compreende como existência, como poder ser, como abertura, como projetar-se.

Somente a partir da compreensão que se dá — *es gibt* — ocorre a interpretação, que consiste na elaboração das possibilidades projetadas na compreensão. Da compreensão também se origina o discurso, e deste a linguagem, que, desta feita, é sempre originária, autêntica, própria. Costumamos dividir didaticamente o pensamento de Heidegger em "primeiro Heidegger" (da questão do ser como tempo) e "segundo Heidegger" (da questão do ser e da linguagem).

As novas perspectivas abertas por Heidegger possibilitaram o surgimento de Gadamer e da teologia de Fuchs. Em *Verdade e Método* (1960) Gadamer afirmou que a universalidade hermenêutica está associada ao caráter ontológico da vida humana. Este caráter é universal, e constitutivo do modo de ser mais próprio do homem. A compreensão não deve ser entendida apenas como ação do sujeito, mas como o inserir-se no âmago de um processo de transmissão histórica, no qual o passado e o presente se sintetizam.

Ernst Fuchs, também discípulo de Bultmann e coetâneo de Heidegger, inseriu essa compreensão hermenêutica na interpretação dos textos bíblicos. Segundo Fuchs, o objeto da teologia é a Revelação de Deus, que chega até nós no Novo Testamento na forma de um texto que deve ser traduzido, compreendido e interpretado para ser comunicado e anunciado. Daí a necessidade da hermenêutica.

Fuchs faz uso do conceito de *princípio hermenêutico*: para que haja a compreensão do texto, faz-se mister uma situação marcante, que dê início ao processo de compreensão, situação que ele exemplifica com o caso do gato e do rato — o rato é o princípio hermenêutico do gato, a partir do rato podemos perceber e compreender o gato. Se se quer conhecer uma pessoa, precisamos deixá-la à vontade, pois somente assim ela se revelará tal como é. Sendo assim, o princípio hermenêutico confere força e verdade ao processo dinâmico da realidade.

No caso do Novo Testamento, o princípio hermenêutico deve ser neutro e não pressupor a fé; caso contrário, não poderá haver uma compreensão científica. Tal princípio deve ser a pergunta acerca de nós mesmos, já que o Novo Testamento interpela o ser humano como aquele que sempre está a caminho. A escuta do texto acontece no interior dessa pergunta, daí o *círculo hermenêutico*, onde intérprete e texto estão envolvidos numa única e mesma dinâmica.

Gerhard Ebeling também dá seu contributo à área hermenêutica: num ensaio de 1965, ao se interrogar acerca da teologia hermenêutica, responde que hermenêutico é o que instiga e ajuda a perceber a responsabilidade da palavra de Deus. Ebeling apresenta a teologia hermenêutica como um falar de Deus que seja o mais rigoroso possível, e o mais exigente que se possa. A tarefa da teologia hermenêutica é exigir o máximo de rigor e de responsabilidade quando se fala de Deus.

A nova hermenêutica revelou-se uma tentativa ampla no sentido de superar as tensões no interior da teologia. Nos decênios posteriores, o fato mais importante foi a passagem da hermenêutica existencial para uma hermenêutica política do Evangelho e do acontecer cristão.

O que chamamos aqui de terceira geração diz respeito a autores tanto protestantes quanto católicos. Dentre os protestantes, os principais são Cullmann, Pannenberg, Moltmann, Braun e Stauffer, e dentre os católicos podemos citar Kasper, Küng, von Balthasar, Schoonenberg, Schillebeeckx, Rahner, Alfaro, Duquoc, Galot e Bouyer.

Para finalizar, faremos um breve resumo do pensamento de dois desses autores protestantes. Reagindo contra Bultmann, Pannenberg diz que toda cristologia deve começar por Jesus; e compreende a teologia como uma *história* que pretende enfrentar os problemas levantados pelo esclarecimento, submetendo à crítica a instância da autoridade da Revelação: não seria mais possível falar de uma revelação autoritária. Segundo Pannenberg, o conceito de "revelação" se liga ao conceito de história, e com isso pressupõe a recolocação da discussão da relação entre fé e razão e sua reformulação.

Também numa reação a Bultmann, Moltmann redescobre, através de sua *teologia da esperança*, o caráter escatológico do cristianismo, antes restrito à *doutrina dos novíssimos*, doutrina das realidades últimas. Moltmann entende a teologia escatológica como teologia da esperança no sentido de que, na vida cristã, a prioridade realmente pertence à fé, mas o primado está na esperança da fé — isto é, primeiro vem a fé, e depois a esperança. A escatologia representa um futuro universal e radical, uma transformação que não é específica de um dado povo, e sim uma mudança e um futuro que se estende a todos os povos.

Todo cristão, no entanto, deve se perguntar se sua adesão se dá ao seguimento de Jesus ou se em seu lugar está algo diferente, tal como uma ideia, um espírito, um fantasma (Paulo II, 1998, p. 66).

Na questão do Jesus histórico, Käsemann se apresenta como um pensamento de síntese entre a Escola Liberal e as teses de Bultmann. A unidade e continuidade entre o Jesus histórico e o Cristo do querigma constituem a tese central que norteia as pesquisas hodiernas.

-6-
Tendências cristológicas e trinitárias do período patrístico

1. Do novo testamento ao século II d.C.

Conforme a localização da comunidade cristã, temos diversas tendências cristológicas, dentre elas: (1) o *ebionismo*, desenvolvido no século II e ligado à tradição judaica, reconhece em Jesus apenas um homem excepcional; (2) a *figura angélica*, vigente no século III d.C. e encontrada no *Pastor de Hermas*; e (3) a *canônica*, com as *Cartas Paulinas*, a *Epístola aos Hebreus* e o corpo joanino, segundo o qual Jesus é humano, mas o mistério de sua pessoa ultrapassa sua humanidade, e, portanto, Ele também é divino.

> *Problema: Como conciliar a divindade de Cristo com a unicidade de Deus?*

Daí surgirão a cristologia do alto e a cristologia de baixo.

2. Clemente de Roma

Falecido por volta de 100 d.C. — ambiente teológico romano do final do século I d.C.

Aspecto cristológico

(1) caracteriza Cristo como κύριος e sublinha a sua função de mediador e de intercessor entre Deus e os homens.

(2) usa o termo παῖς, que quer dizer criança, menino, mas, provavelmente, já tendo o sentido de "filho".

(3) parece afirmar a preexistência de Cristo antes da encarnação (1Clem 16,2) (Romano, 2002, p. 34).

Aspecto trinitário

(1) As fórmulas trinitárias, mais do que a teologia trinitária, já aparecem em S. Clemente, tal como em 1Clem 46,6 (Ladaria, 2012, p. 136):[6] "Não temos nós um só Deus, um só Cristo, um só Espírito de Graça, que foi derramado sobre nós, e uma só vocação em Cristo?" Nela, no entanto, não se sublinha a unidade, senão que cada um é único.

(2) o Pai é denominado θεός δεσποτὴς, que em português significa "Pai senhor" e se traduz por "senhor da criação": a paternidade de Deus está ligada à criação.

(3) não há uma fórmula clara para a divindade do Espírito Santo, apesar de já se falar dele.

3. Inácio de Antióquia

Falecido por volta de 110 d.C., escreveu cartas no trajeto para o martírio em Roma.

A Antióquia foi um grande centro do cristianismo nos séculos I e II d.C., uma comunidade de origem helenística que desenvolveu uma cristologia do alto.

Aspecto cristológico

(1) Cristo é definido como θεός (Antióquia, 2002,

---

6 1Clem. 16,2 – "O Senhor Jesus Cristo, cetro da majestade de Deus, não veio, embora pudesse, no alarde da arrogância ou da soberba, mas humilde, conforme o Espírito Santo havia dito sobre ele".

p. 88),[7] *víós* e *lógos* (Antióquia, Inácio aos Magnésios, 2002, p. 92).8 Inácio de Antioquia usa o termo *víós* para designar o Filho; por outro lado, a paternidade de Deus não está ligada à criação, mas ao Filho. É a primeira vez que aparece o termo *lógos* fora do corpo joaneu; é possível que sua fonte tenha sido o evangelho de João, e afirma a preexistência do Filho antes da encarnação.

(2) Docetismo, seu grande inimigo. Primeira grande heresia cristológica, no século II d.C. O termo, que provém do verbo *dokeîn*, quer dizer "parecer": doutrina segundo a qual Cristo não sofreu realmente, mas só na aparência. O que se entendia por aparência, não se sabe. Um dos mais antigos desvios da fé em Cristo, já combatido por São João e por Inácio de Antióquia. Sob formas muito diversas, algumas nascidas de uma piedade mal inspirada, outras de uma doutrina ponderada, trata-se de uma forma tanto de reduzir como até mesmo de negar a realidade humana da encarnação do Verbo, especialmente sua realidade corporal, contrariando a palavra de João: "E o verbo se fez carne".

Por isso, Inácio insiste na realidade da encarnação, em *Inácio aos Esmirniotas* 1,1-2 faz uso do termo *alḗthos* para afirmar a veracidade da encarnação do próprio Deus, a unidade em Cristo do *lógos* e da *sárx*. Ele afirma: "Um só é o médico, em carne e espírito, gerado e não gerado, aparecendo na carne como Deus, na morte vida verdadeira, tanto de Maria como de Deus, primeiro capaz de sofrer, depois impassível, Jesus Cristo Senhor Nosso".

---

7 Ef. 18,2 – "De fato, o nosso Deus Jesus Cristo, segundo a economia de Deus, foi levado no seio de Maria, da descendência de Davi e do Espírito Santo. Ele nasceu e foi batizado, para purificar a água na sua paixão".

8 Mg. 8,2 – "De fato, os diviníssimos profetas viveram um segundo Jesus Cristo. Por essa razão foram perseguidos (...) a fim de que os incrédulos ficassem plenamente convencidos de que existe um só Deus, que se manifestou por meio de Jesus Cristo seu Filho, que é seu verbo saído do silêncio (...)".

Problema: O docetismo existirá onde se desenvolve uma cristologia do alto.

Aspecto trinitário

(1) Pontos de contato com Clemente Romano, que também de algum modo relaciona a unidade da Igreja à Trindade. As "Três Pessoas" intervêm na edificação da Igreja e na salvação dos fiéis, e tampouco faltam as afirmações de fé monoteístas.

(2) Jesus Cristo é chamado diretamente de "Deus", e também de "conhecimento de Deus".

(3) Algumas passagens parecem colocar de modo incipiente, o problema da processão do Filho (Antióquia, Inácio aos Magnésios, 2002, p. 93).[9]

(4) O Espírito Santo está presente na geração humana e na unção de Jesus.[10] Esse Espírito é comunicado à Igreja, é Deus, e por isso não engana.

4. Pastor de Hermas

Obra literária cristã considerada como parte do cânon bíblico por alguns dos padres da Igreja no período inicial do Cristianismo — é provável que o texto tenha sido escrito na primeira metade do século II d.C. Trata-se de uma cristologia do tipo adocionista: parece identificar o Espírito Santo com o Cristo preexistente (Hermas, V 6,5-8).

Aspecto cristológico

(1) Nunca usa o nome de Jesus e fala da sua pessoa somente em duas semelhanças. Conta a história de um

---

9 Mg. 7,2 – Correi todos juntos como ao único templo de Deus, ao redor do único altar, em torno do único Jesus Cristo, que saiu do único Pai e que era único em si e para ele voltou.

10 Ef. 18,1 – Meu espírito é vítima da cruz, que é escândalo para os que não creem, mas salvação e vida eterna para nós.

proprietário, que, satisfeito com a sua administração, decidiu fazer do seu Filho um coerdeiro. O proprietário é o criador; a propriedade, o mundo; o Filho é o Espírito Santo; e o servidor é o Filho de Deus.

(2) O Filho de Deus nasceu antes de toda a criação para ser conselheiro do Pai na sua criação.

(3) Às vezes Cristo é apresentado como preexistente em forma de anjo, um anjo superior aos outros em forma e autoridade, como o Arcanjo Miguel, mas nunca identificado ao Filho de Deus.

Problema: A tendência dos estudiosos é ver nesta concepção traços evidentes da arcaica concepção judaico-cristã, que apresentava o Cristo preexistente em forma de anjo.

Aspecto Trinitário

(1) Não se trata em nada do Filho de Deus, senão do Espírito Santo que se une aos homens, e ao qual estes devem obedecer para alcançar a salvação.

(2) O Filho de Deus é visto como o mediador da salvação, mas é quase nula a alusão à encarnação e à sua obra histórica. O Filho de Deus é transcendente e glorioso, mas não se lhe dá o título de senhor para não comprometer o rígido monoteísmo.

Problema: Encontramos nos Padres apostólicos formas triádicas, mas não se pode falar numa teologia trinitária elaborada.

5. Marcião

Dualismo encontrado em Roma entre 140 e 150 d.C. Cristão natural da Ásia Menor, Marcião difundiu suas ideias em

Roma na 1ª metade do século II. Acreditando ter descoberto uma oposição profunda entre o Antigo e o Novo Testamento, e julgando o segundo contaminado pelo primeiro, considerou como Escrituras autênticas apenas as epístolas de Paulo e o Evangelho de Lucas, companheiro de Paulo — ambas expurgadas —, estabelecendo assim a questão do "cânon" das Escrituras. Marcião chegou a teses próximas das dos gnósticos: a oposição entre Deus Pai e o Filho Criador, a depreciação da criação, a recusa de uma verdadeira encarnação do Filho de Deus.

Aspecto cristológico
(1) Marcião nega qualquer realidade humana em Jesus Cristo, que, para ele, não é o Messias esperado pelos judeus: apenas assume as aparências, Φαντάσματα, como meio indispensável para conversar com os homens.

(2) Sublinha que Jesus apareceu rapidamente no tempo do governador Pôncio Pilatos.

(3) Trata-se de uma cristologia docetista. A soteriologia também é dualista, pois a salvação concerne somente à alma.

6. Teologia do Lógos

6.1 Justino
Filósofo e mártir, faleceu em Roma por volta de 165 d.C. — primeira figura importante para a teologia trinitária.

Aspecto cristológico
(1) Para Justino, o λόγος é a razão pessoal de Deus, da qual participam todos os homens. Em cada ser humano há um σπέμα, isto é, uma semente do λόγος. Esta expressão provém do pensamento estoico-platônico, mas Justino a identifica com Jesus Cristo, o verbo encarnado.

(2) Com Justino, entrou na teologia o conceito de geração,[11] pois a sabedoria foi gerada pelo Pai, desde a eternidade. O Verbo tem sua origem no Pai por emissão, προβολή, antes da criação de todas as coisas, para a criação do mundo e este verbo emitido por vontade do Pai, é distinto do Pai. No entanto, não há cisão.

(3) Para Justino, o Pai é ὁ θεός e o Filho é definido como θεός.

Aspecto trinitário

(1) Justino é o mais importante dos apologetas. Não discute o monoteísmo, mas a menção ao Pai está acompanhada da menção ao Filho.

(2) O Filho ou o Verbo está com Deus antes das criaturas, e foi gerado quando, no princípio, Deus criou e ordenou por seu meio todas as coisas. Ele preexiste como Deus e foi gerado como homem por uma virgem (Justino, 1995, p. 180).[12] Há insistência na geração do Filho e que na noção de que o pai é ingênito.

(3) A geração é intelectual, e não física. Deus produz uma potência racional identificada com a sua sabedoria. Por outro lado, por tratar-se de uma geração intelectual, não é um processo cego, mas advindo do querer do Pai. A geração não se produz por um corte ou excisão material, e não diminui o ser do Pai — Justino insiste nesse ponto.

(4) Fala-se do Espírito Santo apenas em relação com a economia salvífica. Justino sublinha sua atuação como Espírito profético, que também atuou na vida de Jesus, pois ainda que não se confunda com o Filho, o espírito opera sua encarnação, e desceu sobre o Filho no batismo, para que a partir dele pudesse se derramar sobre os cristãos.

---

11 Gerar significa produzir algo semelhante a si, enquanto criar significa produzir algo diverso de si mesmo.

12 Dial. Trif. 48,2 – Mesmo que eu não pudesse demonstrar que o Filho do Criador do universo preexiste como Deus e que nasceu como homem de uma virgem, nem por isso deixa de ser provado que Jesus é o Cristo de Deus.

Problema 1: A teologia posterior terá que trabalhar para chegar à conclusão de que a geração do Filho pertence ao ser mesmo de Deus, e não é uma decisão contingente, apesar de ser livre.

Problema 2: Justino estava consciente de que Jesus não era outro Deus, mas não dava ainda uma resposta adequada a essa objeção por parte do judeu Trifão. Taciano conseguirá resolver essa objeção em Ad Graecos (Taciano, 2002, pp. 69-70).[13]

6.2 Taciano
Falecido depois de 172 d.C.) — discípulo de Justino.

Aspecto trinitário
(1) Insiste em mostrar que a geração não significa uma separação em Deus, mantendo, assim, o monoteísmo.
(2) Usa a metáfora do fogo utilizada por Justino para explicar a geração do Filho, e insiste na condição espiritual de Deus, necessária para a compreensão da geração em termos não-materiais.
(3) Fala do "Deus espírito", e também do "Espírito de Deus", que pode habitar no corpo humano, mas sem relacioná-lo com o Pai.

Problema: Temos um binitarismo. Temos o λόγος junto do Pai, mas o Espírito, legado de Deus que habita em nós, não aparece diretamente associado a eles.

---

13 *Ad Graecos* 5 – Sabemos que ele é o princípio do mundo, mas produziu-se não por divisão, e sim por participação. De fato, o que se divide fica separado do primeiro, mas o que se faz por participação, tomando o caráter de uma dispensação, não deixa em falta aquilo de onde se toma.

6.3 Teófilo de Antioquia
Falecido por volta de 186 d.C.

Aspecto cristológico

(1) Teófilo de Antióquia desenvolve a teoria dos dois estados do λόγος (proveniente dos estoicos e já presente em germe em Justino): λόγος ἐνδιάθετος (verbo imanente, interno); e λόγος προφορικός (verbo emitido, proferido). Esta teologia perpassará os III e IV séculos d.C.

(2) λόγος ἐνδιάθετος: ele está no seio do pai, formando um com ele, sendo sua razão; parece que sem personalidade própria, subsistindo na pessoa do Pai. λόγος προφορικός: gerado antes da criação do universo, para ser intermediário da criação.

Aspecto trinitário

(1) Responsável pelo termo grego τρίας, que foi traduzido para o latim por *trinitas*, para designar o Pai, o Filho e o Espírito Santo.

(2) A Sabedoria não se refere ao Filho, mas ao Espírito Santo. Fala-se pouco do Espírito Santo, embora se lhe atribua a inspiração da Escritura.

6.4 Atenágoras
Viveu na segunda metade do século II d.C. — lidou também fórmulas trinitárias.

Aspecto trinitário

(1) A unidade do Pai e do Filho encontra-se acentuada, e parece fundar-se na inabitação mútua e na comunidade de espírito; mas o Verbo não é criado, e sim gerado, para o princípio das obras de Deus;

(2) O Espírito Santo está unido ao Pai e ao Filho, mas há que notar certa ambiguidade na noção de emanação

(ἀπορροία), que parte da origem e volta a ela como um raio de sol.

(3) O Espírito Santo não é nomeado diretamente Deus. Fala-se diretamente da geração do Filho pelo Pai, porém ainda não se aborda a processão do Espírito.

6.5 Irineu

Falecido por volta de 202-203 d.C.) — bispo de Lyon, mas nascido em Esmirna, constitui um vínculo entre o Oriente e o Ocidente. Não segue a linha de discussão da Filosofia grega, como os apologetas; sua preocupação está centrada na ameaça interna que constitui a gnose. Diante das complicadas doutrinas da gnose,[14] compreensíveis apenas para a elite, Irineu acentua que a fé da Igreja é acessível a todos.

Aspecto cristológico

(1) Deus é o Pai de todas as coisas, inefavelmente um, ingênito, contendo em si desde a eternidade, seu logos e sua sabedoria.

(2) Para Irineu, a geração em Deus é um mistério inefável e inenarrável; não aceita a teoria dos dois estágios do logos e o Verbo coexiste eternamente com o Pai.

(3) O Verbo e o Filho são o mesmo, ou seja, o Filho é o Verbo de Deus desde antes da criação do mundo, mas ele não explica essa geração.

(4) No paraíso, o Verbo estava com os homens e

---

14 Denomina-se de gnose o fenômeno geral cujas manifestações podem ser observadas em diversas épocas da história. Trata-se da ilusão de um conhecimento perfeito, revelado, possuído e transmitido por iniciados, que pretende dar uma explicação global do mundo e do mistério da existência a partir de uma base dualista (oposição entre o mundo do bem e do mal). A gnose não é apenas um movimento de salvação por meio do conhecimento. O dualismo lhe é essencial, pois a natureza do conhecimento e da salvação é estranha a este mundo mau. É importante destacar seu caráter secreto, que faz dela uma religião de iniciados.

já anunciava os acontecimentos futuros; aos profetas, anunciava que Deus seria visto pelos homens.

Aspecto trinitário

(1) O Filho e o Espírito são ministros do Pai, mas não são intermediários, no sentido subordinacionista.

(2) O Filho e o Espírito intervêm na obra já criadora do Pai. Deus é assistido. Há uma correspondência básica entre a obra criadora e a obra da salvação.

(3) Tudo vem de um só Deus, que tudo realiza com seu Filho (Lógos, Verbo) e seu Espírito (Sabedoria). Aqui aparece a conhecida expressão de Irineu: as duas mãos de Deus.

(4) Apesar de o Filho ser Deus, Irineu reserva a denominação ὁ θεός exclusivamente para o Pai. Irineu não é partidário do *homoousios* que lhe parece bastante materialista e gnóstico.

(5) Para Irineu, a Sabedoria criadora de Pr. 8,22ss é o Espírito Santo, não o Filho. Sendo assim, o Espírito assistiria não diretamente ao Pai, mas ao Filho, que é quem realiza a criação. O Filho realiza a economia do Pai sobre o homem, e o Espírito o assiste para fazer-nos conseguir a plena semelhança.

6.6. *Hipólito*

Começo do século III d.C. — opõe-se ao monaquismo de Noeto.

Aspecto cristológico

(1) Hipólito trata da emissão do Verbo com uma linguagem semelhante ao dos gnósticos.

(2) A geração do Verbo está ligada à criação e à economia salvífica, e este Verbo gerado é um outro, distinto (ἔτερος) do Pai; o Pai, porém, não perde nada

ao gerar o Filho. Não se trata de dois deuses, mas de um único Deus.

Aspecto trinitário

(1) Hipólito usa o termo πρόσωπον para designar a distinção entre o Pai e o Filho na economia. Trata-se de um único Deus em dois πρόσωπα, e em terço a graça do Espírito Santo.

(2) O seio do Pai é para a geração *secundum Spiritum*, e o seio de Maria é para a geração *secundum carnem*. Ambas as gerações ocorrem quando o Pai quer.

(3) Há uma unidade de δύναμις que garante a unidade de Deus. Trata-se da δύναμις, que deriva do todo, a δύναμις-λόγος que provém do Pai.

6.7 Tertuliano

Proveniente da África, falecido depois de 220 d.C. — um dos maiores autores cristãos dos séculos II e III d.C. É o grande criador do vocabulário trinitário latino. Com Tertuliano, o problema da unidade e da distinção tem alto valor especulativo. O autor rejeita terminantemente o *regula fidei* e o opõe ao *patripassianismo*, que afirma que o Pai desceu à virgem, e ele mesmo nasceu dela e padeceu, isto é, o mesmo Deus onipotente é chamado Jesus Cristo.

Aspecto cristológico

(1) Distintamente do neoplatonismo e do estoicismo, para Tertuliano o λόγος é pessoal. Ele traduz este termo pelo latim *sermo*. Para ele, o Lógos vem apresentado em três estágios: *sermo, ratio* e *virtus*.

(2) Tertuliano não tem medo de fazer uso do termo grego προβαλή, termo técnico gnóstico que expressa a noção de geração aplicada aos homens e animais. No entanto, se diferencia quando diz que a geração gnóstica

divide a divindade, enquanto a geração cristã a identifica e, de modo algum, a divide.

(3) À unidade da δύναμις, Tertuliano acrescenta a unidade de substância, que permite compreender como Deus Pai e Deus Filho constituem um único Deus. Tertuliano faz uso do termo latino *unus* para indicar a unidade de substância. Este conceito de substância encontrar-se-á em *381 d.C.*, quando começará a fazer parte da teologia oficial.

(4) Tertuliano distingue a processão do Lógos em algumas fases: a) fase eterna, na qual o intelecto divino contempla-se a si mesmo; b) fase que tem lugar antes do tempo, em preparação à economia salvífica; c) fase antes do tempo, que assinala o começo da concepção ainda no interior de Deus, que Tertuliano chama de *sophía*; e d) no primeiro dia em que Deus criou a luz, momento perfeito do nascimento da palavra proferida, gerada.

Aspecto trinitário

(1) O Pai e o Filho são espírito, e Tertuliano os destaca através de uma distinção numérica: o Pai e o Filho, pela sua condição natural (*status*), são uma coisa só, mas há uma distinção de *gradus, forma, species*: um é superior e o outro inferior. Trata-se de um esquema vertical, o Pai em cima e o Filho mais embaixo, mas esta ordem não afeta a unidade radical de Deus.

(2) Além do conceito de *unitas*, temos o de *trinitas*, termo fundamental para a teologia, equivalente do grego τρίας.

(3) Há uma monarquia, mas Deus não sofre dispersão pelo fato de o Filho e o Espírito ocuparem o segundo e o terceiro postos. Esta monarquia não destrói a unidade de Deus Filho, Deus Pai e Deus Espírito Santo, mas fica claro que o Pai, o Filho e o Espírito Santo não são o mesmo.

(4) Os três unidos, mas não identificados, são cha-

mados com frequência por Tertuliano de *pessoas*, outro termo de extrema importância na história da teologia trinitária.

(5) Tertuliano faz uso de uma série de metáforas para explicar a unidade dos três e ao mesmo tempo ver sua distinção: *O tronco não está dividido da raiz, nem o rio da fonte, nem o raio do sol, nem tampouco a Palavra está separada de Deus* (*Adversus Praxean*, 8).

(6) O Espírito vem do Pai pelo Filho (*Filioque*), como o Filho vem da substância do Pai. Ele é dom, *múnus*, o dom que Jesus faz. Além disso, o Espírito Santo que dispõe o caminho para a mediação não tem forma.

(7) Por fim, o Pai realiza a criação primeira, amorfa. O Filho, fundado em sua sabedoria, a criação segunda. O Espírito alenta e vivifica os seres configurados mediante o Verbo. Assim sendo, por obra do Espírito, chega-se à perfeita semelhança do Verbo encarnado, primeiro modelo do homem, segundo Tertuliano.

Problema 1: Santo Agostinho nos informa que Tertuliano acabou por fundar um grupo próprio, cujos últimos adeptos ele mesmo, Agostinho, trouxe de volta à Igreja (Liébart, 2000, p. 84).

Problema 2: Tertuliano mostrou simpatia, a partir de 210 d.C., por um movimento espiritual chamado de montanhismo, *um movimento profético nascido na Ásia Menor por volta de 170. Montano, assistido por duas profetisas, prega a volta próxima de Cristo para um reinado terrestre de mil anos, e, em consequência, o desprezo das realidades terrenas, a ruptura com a sociedade, a exaltação do celibato e a incitação ao martírio. Os montanistas acusavam a Igreja de suavizar o evangelho e de compactuar com o mundo.*

7. Adocianismo

Interpretação do mistério de Cristo, que também desponta no século II, mas não sobrevive para além do III. Cristo é visto como um homem comum, um profeta, elevado (*adotado*) à condição de Filho de Deus por graça, em virtude dos seus méritos, na ocasião de seu batismo ou no momento da Ressurreição. Como o docetismo e o modalismo, o adocionismo pode ter tido origem nos meios judaizantes e nos meios propriamente helenísticos.

Aspecto cristológico
(1) Trata-se de uma corrente de cunho judaico-cristão que afirmava que o mundo não tinha sido criado por Deus, e que Jesus havia nascido de José e de Maria e que havia ultrapassado os outros homens em justiça e por sua observação da lei. A negação do nascimento virginal implica uma refutação radical da divindade de Jesus, e consequente aspecto soteriológico. Essa doutrina foi adotada por Cerinto, Carpócrates e Marcelino, e também por Teodósio de Bizâncio.

8. Novaciano

Presbítero de Roma, antipapa, falecido em 257 d.C. na capital do Império Romano — escreveu o *De Trinitate* entre os anos 240 e 250.

Aspecto cristológico-trinitário
(1) O Lógos sendo gerado pelo Pai está sempre no Pai, e é menor do que o Pai. O Filho é chamado de Verbo, potência, Sabedoria e Luz.
(2) Novaciano confessa a divindade do Filho, em subordinação e dependência do Pai que o gerou. A mo-

narquia é afirmada mediante a origem do Filho no Pai. O Filho obedece às ordens do Pai, e não faz nada por iniciativa própria. Ele é ministro da vontade do Pai.

(3) Deus é criador, Senhor e Pai de toda a criação. No fim da economia, o Filho se submeterá ao Pai e Lhe devolverá o que Dele recebeu.

(4) Novaciano não chama o Espírito Santo de pessoa, nem diz que ele é Deus, mas pelos efeitos que lhe são atribuídos fica claro o seu caráter divino. O Espírito Santo é objeto de fé, e acha-se unido ao Pai e ao Filho na fórmula triádica, mas não explica nada propriamente sobre a Trindade, esse termo já usado por Tertuliano nem aparece.

9. Orígenes

Nasceu por volta de 185 d.C. em uma família profundamente cristã, e morreu por volta de 254.

Aspecto cristológico
(1) Somente o Pai é propriamente αὐτοθεός, posto que Ele é o único que não é gerado. Ele é a fonte, e o Lógos recebe dele por participação, por comunhão na divindade. O Filho foi gerado pela vontade do intelecto do Pai.

(2) A geração se produz continuamente, constantemente; e a ideia de eternidade não está ligada à noção de um tempo sem começo nem fim, mas à noção de concentração do todo num único instante.

(3) Orígenes não concorda com a ideia de geração do Filho, a partir da analogia com a geração animal, pois não aceita o termo grego προβλή, ou emanação. Ele rejeita a concepção valentiana, que faz o Filho derivar do Pai por emanação.

(4) Orígenes usa imagens imateriais para falar da geração do Filho, e diz que o Filho procede do Pai sem provocar alteração ou cisão na substância paterna. Além disso, não há um tempo em que Deus não fosse Pai.

(5) Ele afirma a integridade da humanidade do Salvador, e afirma a preexistência da alma de Cristo na condição de criatura inteligente antes do corpo.

Aspecto trinitário

(1) O Filho tem seu princípio ontológico no Pai, mas não tem nele o seu princípio cronológico, pois sempre existiu eternamente. No entanto, sua posição em relação ao Pai é inferior. Trata-se de uma cristologia subordinacionista (por influxo dos filósofos neoplatônicos). O Filho é δεύτερος θεός (segundo Deus).

(2) Filho e Espírito constituem uma ordem intermediária entre o Pai e os seres racionais.[15] Esta intermediação dá provas de subordinacionismo;

(3) Temos uma linha "descendente", Pai-Filho-Espírito. O Espírito feito por meio do Filho (*Filioque*), recebe o ensinamento também por meio dele; o Pai tem um âmbito de poder maior do que o Filho, e o Filho mais do que o Espírito.

---

15 Tal como no pensamento platônico é o νοῦς.

-7-
Tópicos de antropologia teológica

Demos títulos temáticos a problemas pertinentes à antropologia teológica, e que podem apresentar pontos teóricos essenciais para pensarmos quem é o ser humano:

1. Antropologia teológica — definição;
2. Época de Crise — conceituação e especificidade;
3. Nomadismo e sedentarismo;
4. Experiência e verbalização;
5. Questão central: o dualismo;
6. Lógica da inclusão e lógica da exclusão;
7. Noção de criatura;
8. Conceito de pessoa;
9. Interpretação integrada do ser humano: corpo, alma e espírito;
10. Fé e ciência; e
11. Deus como providência e a dinâmica do encontro.

Definição

É a parte da teologia que estuda a realidade do ser humano, sob o ponto de vista divino, poético e existencial, ou seja, como um ser criado por Deus.

Objeto
O ser humano também é objeto de outras ciências ditas humanas, como sociologia, antropologia cultural, psicologia, filosofia, direito, psicanálise, ciência política, dentre outras. A pergunta fundamental a ser pensada é: Quem é o ser humano?

Perspectiva
A antropologia teológica pensa o ser humano à luz da Revelação cristã, isto é, da Escritura e da Tradição.
No entanto, três compreensões antropológicas são predominantes no Ocidente:

— A filosófica, onde aparece o homem como aquele que raciocina;
— A teológica, que descreve o ser humano como *Imago Dei*, como imagem e semelhança de Deus;
— A científico-biológica, que descreve o homem como um produto da evolução biológica.

Na realidade, essas três imagens se complementam, e ajudam a traçar uma visão das fraquezas e grandezas do ser humano, porque compreendem o ser humano como critério de realidade. Anteriormente, o ser humano era pensado como um todo integrado; atualmente, porém, essa interpretação foi desconstruída, e ele é pensado como uma parcela desse todo que o compõe.
O ser humano é biológico, psicológico, social e espiritual, uma vez que é a junção das partes; e seu quebra-cabeça só estará perfeitamente completo se, e somente se, estiverem presentes nele todas essas características, que não são mutuamente excludentes.
A antropologia teológica procura explicar a complexida-

de do ser humano, assim como sua abrangência e profundidade. Ao longo do tempo, o homem foi se descobrindo, se revelando, se compreendendo, e encontrando seu lugar e o sentido de sua existência. Para a teologia cristã, Jesus representa o protótipo do ser humano — alguém aberto a Deus e aos homens, vivendo em toda a plenitude o amor a Deus e ao próximo.

O conhecimento de si mesmo só é humano quando existe uma vivência do amor, da liberdade e do respeito ao outro, ao diferente. Jesus viveu a serviço de Deus, como alguém que se envolve com o projeto do Pai até o fim, olhando sempre para os mais pobres e enfraquecidos e incluindo-os em sua dinâmica de acolhimento da alteridade.

Características

A antropologia teológica é apodítica, ou seja, ela pensa a partir do que é universal e necessário, e procura pensar o sentido de ser humano independente de características histórico--geográfico-culturais. Por outro lado, a antropologia teológica é assintótica, posto que se aproxima de seu objeto sem poder tocá-lo completamente, sempre envolvida em um círculo hermenêutico, em um recomeço do pensar, ao revisitar as fontes.

Método

Faz-se necessário aqui clarificar o que Paul Ricoeur denominou de "Conflito de Interpretações", e que foi utilizado por Afonso Garcia Rubio por meio dos conceitos *afirmar* e *dizer*, tanto no livro intitulado *Unidade na Pluralidade*, quanto no livro *O Encontro com Jesus Cristo Vivo*, a fim de estabelecer um método para a leitura e a interpretação dos textos bíblicos.

Segundo esse autor, o "afirmar é a verdade ou mensagem que o autor deseja apresentar, enquanto que o dizer é o instrumental linguístico utilizado para veicular a mensagem" (Garcia Rubio, 2012, pp. 14-15). Neste sentido, os textos bíblicos giram em torno de uma dinâmica, há algo de essencial neles, a mensagem, a Revelação de Deus; e há a forma, como a possibilidade linguístico-histórica que permitiu a transmissão dessa mesma verdade universal. Há algo universal e essencial, a mensagem afirmada; e há algo de contingente e cultural, a forma utilizada para comunicar a mensagem.

Considerando-se que a linguagem é sempre limitada, o teólogo necessita, incessantemente, não só retornar às fontes, como também, ao mesmo tempo, viabilizar a comunicação dessa mensagem para os ouvintes de sua época histórica.

Época de crise: conceituação e especificidade

Neste sentido, é de suma importância para o teólogo compreender seu tempo histórico, para poder posicionar-se criticamente diante dele; como é também importante conhecer as visões de mundo e o conjunto de valores de cada grupo social, para poder transmitir às pessoas a mensagem salvífica de modo que ela possa ser ouvida e acolhida em cada tempo e lugar.

Até mesmo porque, durante as épocas de crise histórica, de turbulência, nas quais os valores fundamentais de cada sociedade se liquefazem, e o homem histórico não sabe mais o que pensar a respeito da realidade, já que há uma reviravolta dos valores e uma crise na verbalização, é assaz importante refazer as perguntas essenciais e centrais de nossa existência, bem como visitar as fontes bíblicas. Somente a ida às fontes pode trazer, de novo, o frescor da mensagem salvífica para a humanidade, a ponto de traduzir-se numa nova verbalização: um aroma antigo num perfume novo.[16]

Todavia, numa época de ouro, de sedimentação, as pessoas encontram à sua disposição valores e definições bem delimitados e articulados, e o grande perigo será sempre o de a verbalização se calcificar por meio de fórmulas bem estabelecidas,

---

16 Trata-se, por exemplo, da nossa época atual, com o objetivo precípuo da Nova Evangelização.

dificultando, assim, a reflexão crítica e a experiência originária e fundante das criaturas com o seu Criador e Sua palavra salvadora.

Nomadismo e sedentarismo

A Revelação cristã não é arbitrária, e sim salvífica, pois configura a saída da vida sedentária[17] para ingresso na vida nômade.[18] Sendo assim, podemos nos perguntar: como teve início a experiência bíblica do povo de Israel, do povo de Deus?

Ela nasceu no mistério do nomadismo. O sedentarismo é estático e acomodado, se estabelece com a relação de domínio material e espacial do homem sobre as coisas. As coisas e os lugares são mais importantes do que as pessoas. O importante é manter o território que se domina, ao invés de cativar o povo que se governa.

Este sempre foi o modo de pensar por parte de monarcas e imperadores: valorizar mais a nação como sendo o somatório de coisas do que como uma coletividade de pessoas. Neste sentido, a Revelação jamais poderia ter ocorrido numa nação imperial, controlada por um monarca, mas sim em meio a um povo nômade, desprovido de bens e em constante movimento,[19] um povo cujo valor está fundamentado na relação familiar da

---

17 O sedentarismo tem sua base teórica centrada no domínio e controle do ser humano sobre os objetos. Procura-se suplantar o medo e a insegurança de se viver o incerto amanhã, colocando a segurança na posse de objetos e coisas, a ponto de transformar, pessoas e acontecimentos em meras coisas. Trata-se da dinâmica da coisificação. Aqui, importa o que se tem.

18 O nomadismo, ao contrário, não se fundamenta nas coisas, antes nas relações com as pessoas. O que importa é a pessoa humana em sua relação comunitária, já que se tem clareza de que não se sabe o que irá nos acontecer amanhã. Trata-se da dinâmica da relação. Aqui não importa o que, mas sim o modo como nos relacionamos. Importa a medida do envolvimento, entrega, serviço e doação. Importa viver na abertura e hermenêutica do outro.

19 IHWH disse a Abrahão: "Sai da tua terra, da tua parentela e da casa de teu pai, para a terra que te mostrarei. Eu farei de ti um grande povo, eu te abençoarei, engrandecerei teu nome; sê uma bênção! (Ex. 12,1-2).

tribo, do clã, no qual o medo maior de qualquer integrante é ser excluído do grupo.

Por esta razão, é fundamental reler o Novo Testamento a partir da dinâmica do nomadismo, na qual não só se estabelece um processo de construção de relações interpessoais, como também se destrói toda e qualquer forma de exclusão.

O povo de Deus, proveniente das doze tribos de Israel, foi amadurecendo, e descobrindo progressivamente na sua relação com Deus o modo de ser de Deus, a ponto de sair da monolatria e passar pelo monoteísmo, até chegar à experiência e consciência trinitária.

Experiência e verbalização

O ser humano é um ser de busca, de questionamento, que sempre precisa voltar às fontes para buscar respostas às suas angústias e inquietações. Atualmente, questões existenciais do tipo qual a sociedade que queremos, o que é a família e o que fazer com o planeta permanecem esvaziadas e sem resposta. É necessário encontrar novas formas de refazer essas perguntas, para evitar que fiquemos apenas na repetição inócua. Sendo assim, é preciso repensar as perguntas e propor respostas.

O parâmetro cristão nos leva, então, a colocar essas mesmas perguntas de outra maneira: o que Jesus faria? Qual seria sua maneira de viver na época de hoje? A perspectiva da Revelação cristã nos remete de volta às fontes: Sagrada Escritura e Tradição. É nelas, e somente nelas, que podemos encontrar os conceitos centrais e, desta feita, atualizá-los, revisitar as fontes e nelas redefinir o que é essencial e o que é dado histórico, perceber a diferença entre os valores culturais e os dados de fé.

Contudo, não se pode, hodiernamente, estabelecer uma hermenêutica de ruptura, ou seja, uma hermenêutica que desista da árdua tarefa assintótica de nunca interpretar plenamente o texto bíblico. Faz-se necessário permear a verbalização, compreender a experiência originária em seu contexto histórico cultural; e fazer com que o ser humano volte novamente o seu olhar para a experiência geradora que permanece viva.

Questão central: o dualismo

O dualismo é a compreensão antropológica do ser humano a partir da chave de exclusão "*ou*" em lugar da chave de inclusão "*e*". Na verdade, é uma chave de leitura da vida. O indivíduo que compreende o mundo e a realidade a partir do dualismo tem enorme dificuldade em conciliar com o diferente. E como ele não consegue lidar nem com a diferença, nem com a complexidade do real, que é plural, acaba por diluir a realidade numa dualidade dicotômica amorfa, compreendendo o mundo a partir de uma hermenêutica de ruptura.

Por ser dotado de livre arbítrio, o homem tem opções que muitas vezes se opõem. Como saber qual é a melhor escolha? Sua vontade é considerada quando delibera considerando os dois polos — bem e mal, mente e matéria, fidelidade ou infidelidade a Deus. Por essa razão, o homem é explicado como um ser essencialmente dual, munido de duas naturezas distintas e separadas que andam em direções opostas,

Pela composição do homem como corpo, alma e espírito, ele por si só experimenta essa dualidade, apesar de se autoperceber como um ser único, de ações tanto corporais quanto espirituais. Neste sentido, o ser humano se reconhece com um ser vivo ímpar, único e exclusivo. A presença da alma faz com que seu corpo seja diferente de qualquer outro organismo vivo. A presença do espírito atuando no corpo o torna transparente, e isso ocorre por meio do olhar, das expressões, dos gestos e das palavras emitidas — tudo fruto do inconsciente, que não é cerebral, mas mental. Todas as nossas funções vitais são regidas pelo inconsciente, a dinâmica da nossa alma, que independe da nossa vontade. Por essa vertente também podemos observar como somos duais.

Essa divisão, que foi pensada por Platão com um objetivo meramente pedagógico e reflexivo, se tornou a categoria central de compreensão da essência antropológica, uma mudança ocorrida ao longo da história ocidental a partir do médio e do neoplatonismo (Ullman, 2002, pp. 9-39). Perdura até os dias atuais, constituindo um obstáculo para que o homem seja, viva, pense e aja em unidade, a partir de uma visão integrada de si. Há dois mil anos, nós, no Ocidente, nos vemos como seres dicotômicos, divididos e partidos. Juntar os pedacinhos é uma das tarefas do teólogo em nosso tempo.

Em seu livro *Unidade na Pluralidade* (Rúbio, 1989), Alfonso Rubio apresenta algumas soluções para o dualismo, como a reversão dialética[20] e a justaposição estéril.[21] Para que haja uma superação dessa visão metafísica dicotômica da realidade, é necessário que exista um permanente movimento relacional que integre e inclua, ou seja, que entenda o ser humano como um ser integrado. Só adentraremos o processo humano-salvífico se houver equilíbrio e a dinâmica do movimento do amor, um movimento de saída de si, de entrega e, portanto, de máxima liberdade. Nisso vigia a gratuidade de Jesus.

Lógica da inclusão e da exclusão

A Revelação aconteceu, primeiramente, dentro de um grupo de pastores, que por atividade e cultura eram nômades: viviam na provisoriedade, no movimento, e andavam em grupo. Sua segurança e bem-estar dependiam de si próprios. Reunidos num clã, desempenhavam funções complementares e integradas, de modo a um depender do outro para sobreviver. Sua maior punição era ir para o exílio, ser banido do grupo. Desde os seus primórdios, o povo de Deus tem uma identidade nômade, peregrina, além de se basear na relação interpessoal com o outro e com Deus.

---

20 Saída de um extremo para o outro. Como exemplo em termos pastorais, *ou* se ama o Cristo glorificado *ou* o homem de Nazaré.

21 Esta é mais difícil de ser percebida. Caracteriza-se por uma mera justaposição onde ainda jaz a permanência do muro de separação, porque, por mais que se queira proceder à integração, o sujeito humano ainda está mergulhado numa estrutura mental que impossibilita sua liberação.

Exemplo disso é a atitude de Jesus, que logo formou um grupo de discípulos. Além disso, o processo pós-pascal tratou de recompor aquilo que havia sido desfeito com a paixão e morte: o grupo, a comunidade de discípulos. Podemos, então, afirmar que a principal característica de Jesus de Nazaré era chamar e acolher aqueles que estavam de fora, os excluídos, que sua maior preocupação era quebrar todas as formas de exclusão.

A experiência cristã nos mostra o que acontece entre as duas maneiras de viver, sedentarismo e nomadismo, já que o cristianismo não é uma experiência individual, mas comunitária. As leis são, apenas, normas de comportamento coletivo; no entanto, não podem ser excludentes, tais como a lei de Esdras, que tratava do puro e do impuro. Jesus iria combater firmemente o isolacionismo dos judeus, que excluía os estrangeiros, os diferentes. O judeu valorizava os laços de sangue, enquanto que para o cristão o que importa é a vivência comunitária baseada no amor gratuito e na fé.

A lógica da exclusão é sustentada pelo ímpeto humano de se tornar aquele que é. Fundamenta-se no elitismo intelectual grego do "rei-filósofo", e para alcançar tal intento o ser humano precisa se diferenciar, se separar, se destacar. Para um grego, se tornar si mesmo significa tornar-se um herói, alguém que permanecerá para sempre na memória histórica dos seres humanos. Aqui está o fundamento da segregação, da separação, que se nutre de uma necessidade demasiadamente humana, mas compreende o ser humano não como alguém relacional, mas sim como alguém dotado de razão e que merece ser "individualmente" feliz.

Bem outra é a compreensão semítica de se tornar si mesmo. Para o povo hebreu, forjado pelo êxodo, a identidade está na vida comunitária, na saída de si e na relação com os outros. Contudo, é exatamente aí que advém o eixo central e determinante da Revelação bíblica, a salvação; já que "salvar-se" quer dizer sair de si, entrar no processo de envolvimento. Podemos dizer que nos humanizamos quando nos integramos.

Dessa forma, foi a saída da mensagem salvífica do mundo semítico para o mundo helenizado que tornou possível tanto a vigência do dualismo, quanto o reinado da lógica da exclusão, porque antepõe um muro de separação perante o diferente.

Como síntese, poderíamos dizer que a lógica da inclusão é a lógica da Revelação, que atua na chave de leitura "*e*"; enquanto a lógica da exclusão é a lógica humana, que atua na chave de leitura "*ou*", e antepõe um muro diante do outro. Deus nos pede que sejamos como Ele é, e que atuemos no seu Elemento e modo de ser, que é a ação envolvente e gratuita: o Amor.

Noção de criatura

As tradições denominadas javista, eloísta, sacerdotal e deuteronomista são verbalizações do dado de fé, e por isso estão também eivadas de dados culturais. No caso da noção de criação, a tradição sacerdotal e javista se sobressaem pelo fato de narrarem uma experiência primordial, narrativas que expressam a mesma experiência, mas em contextos diferentes. A narrativa sacerdotal, mais recente, destaca o fato de que "Deus viu que isso era bom" (Gn. 1,10). Por outro lado, a narrativa javista, mais antiga, destaca o fato de que o ser humano foi modelado do pó da terra, porém com o sopro divino, o "divino Rûah",[22] além de afirmar que "não é bom que o homem esteja só. Vou fazer uma auxiliar que lhe corresponda" (Gn. 2,18).

Estas duas narrativas trazem, em essência, a compreensão fundamental de que o ser humano é frágil (argila do solo), de que não é bom que ele viva sozinho, e que deve viver em comunidade, tal como acontece na vida Trinitária. A noção de "criatura" entende que o ser humano não é fechado em si mesmo. Ele é dotado do "divino Rûah", o que demonstra a dinâmica fundamental da vida criatural, isto é, viger como um ser de relação. Pelo fato de o ser humano ser criatura, ele está sempre remetido para fora de si, e por isso não pode viver ensimesmado. A humanidade não pode prescindir da dinâmica do encontro.

---

22 Então IHWH Deus modelou o homem com a argila do solo, insuflou em suas narinas um hálito de vida e o homem se tornou um ser vivente (Gn. 2,7).

Outrossim, a criatura existirá sempre no movimento de referência ao Criador. Existe criatura porque há o criador — essa referência é basilar. Além disso, nesse movimento relacional permanece o processo de criação, que é amoroso e convida a criatura a viver a dinâmica do encontro, a dinâmica da identidade e da diferença.

Conceito de pessoa

Em se tratando de antropologia, esse conceito é, sem dúvida alguma, o contributo cristão à humanidade. Trata-se de um patrimônio, de um legado eclesial. Apesar do conceito de "pessoa" ser oriundo do termo grego πρόσωπον,[23] quando ele foi apropriado pelo cristianismo manteve seu significado semita. Afirmamos isso porque os gregos, através de Platão (Platão, 1995, p. 227), procuraram elaborar uma didática antropológica dividindo o ser humano em corpo (sensibilidade — sentidos, sensação e sentimentos), alma (intelectualidade, vontade e imaginação) e espírito (ânimo).

O conceito de pessoa é uma invenção cristã, fundamentado na relação dialógica entre criatura e criador. É um conceito relacional, não um conceito que individualiza; ao contrário, em seu cerne habitam o valor e a dignidade da pessoa humana, pelo simples fato de ela existir, de ser o ouvinte da Palavra e de responder ou não ao apelo do criador.

Ao longo da tradição, o termo foi ganhando contornos distintos, mas com Duns Scotus ficou explicitada sua dimensão relacional. A patrologia e a escolástica auxiliaram no processo de desenvolvimento semântico, fixando determinadas características do conceito cristão de pessoa: (1) conceito de *inseidade*: a pessoa existe em si mesma e para si mesma, e neste sentido, ela é independente; (2) a condição de *exclusividade* e de *não-repetibilidade,* isto é, cada pessoa é única e exclusiva;

---

23 Esse termo grego significa "máscara", a máscara usada pelo ator da tragédia para vivenciar vários personagens distintos. O termo foi traduzido para o latim como *persona* e, na tradução portuguesa, pessoa.

e (3) *relacionalidade*: a pessoa está sempre aberta ao horizonte do ser.

São quatro as dimensões fundamentais do conceito de pessoa: (1) *imanência*, o fato de a pessoa poder ser valorizada, não precisar se anular; (2) *autopossessão*, o direito de a pessoa humana de pertencer a si mesma, ser autônoma; (3) *perseidade*, o ser por si mesmo, isto é, a finalidade da pessoa humana está em si mesma, ela é valorizada pelo simples fato de existir e não necessita de nada além do ser-aí para ser importante; (4) *liberdade e responsabilidade*, a pessoa é livre para escolher a partir de si mesma, mas precisa acolher as consequências de suas ações e deliberações, já que a coisificação, a manipulação e a escravização estão em oposição à dignidade da pessoa humana.

Ainda que o ser humano não se dê conta, ele *já* está inserido na totalidade, ainda que experimente apenas a parcialidade. A inquietação, a curiosidade e o questionamento são inerentes ao ser humano. Ele se pergunta, formula questões, mesmo que nem sempre suporte permanecer sem respostas. Haverá sempre, na pessoa humana, uma tensão dialética entre a transcendência (abrir-se, sair de si) e a imanência (ensimesmar-se). O importante é conseguir articular as duas condições humanas.

Interpretação integrada do ser humano: corpo, alma e espírito

A noção bíblica de ser humano é unitária, tanto no Antigo quanto no Novo Testamento. Exemplo disso é a vigência de vários termos utilizados para descrever a pluralidade, mas também a unidade que caracteriza a riqueza humana. Em hebraico temos: *nefesh* (alma, simples querer), *basar* (carne, corpo humano), *Rûah* (sopro divino) e *leb, lebab* (coração, mas une racionalidade e emoção). Em grego, temos *psyché* (alma), *sarx* (carne), *soma* (corpo), *pneuma* (espírito, sopro) e *kardia* (interioridade humana).

Apostando na afirmação socrática — Sócrates preferiu beber cicuta a passar o resto da vida em dissonância com aquilo que pensava —, Platão (Platão, Fédon, 2000, p. 34) formulou a primeira teoria da imortalidade da alma. Não havia em Platão um sentido dicotômico, tanto que ele convidava seus coetâneos a educarem seus filhos com música (espírito), ginástica (corpo) e matemática (alma). Foi somente a releitura implementada pelo médio-platonismo e pelo neoplatonismo que defendeu a dicotomia entre corpo e alma. Por volta do século VIII a.C., em típica oposição, Homero postulava que a alma sem corpo vivia perdida no mundo dos mortos, como um fantasma. Foi o semita quem compreendeu o ser humano como um todo integrado.

No momento da expansão do cristianismo, que começou a ser difundido por entre os gentios, houve a necessidade de se explicar a mensagem cristã, que era totalmente desconhecida e de difícil compreensão para a cultura da época, na qual predominavam o pensamento e a língua grega. Sendo assim, os primeiros padres da Igreja deram início ao processo de conceitualização da mensagem salvífica, a fim de que pudesse ser veiculada universalmente. Os padres gregos utilizaram os termos gregos, mas com sentido semítico. Porém, ao longo da história da tradição, os conceitos gregos foram pouco a pouco ganhando o contorno e o sentido grego. A partir daí o dualismo se consolidou, deitando raízes por entre a humanidade e obnubilando a mensagem cristã.

A teologia antropológica compreende o homem integralmente, mas também como ser de relação,[24] posto que ele não vive sozinho, precisa do outro para se completar e para atingir a plenitude, foi criado para se relacionar e para interagir, com Deus e com os outros seres humanos, em uma dinâmica construtiva e constitutiva.

Quando o homem se coloca diante de si mesmo e se percebe como ser plural, ele vive a dupla experiência da corporeidade e da transcendência. O corpo não é só nosso. É nosso, mas é também para os outros, enquanto instrumento de doação e de manifestação do ser humano em sua concretude.

---

24 Essa é uma conquista semítica, sem dúvida alguma.

Fé e ciência

O conflito entre corpo e alma transborda para outro conflito, desta vez entre fé e ciência. O que, por sua vez, redunda no embate entre as teorias criacionista e evolucionista, se vislumbrados em chave de exclusão.

As provas científicas ocorrem empiricamente e podem ser repetidas, da mesma maneira, inúmeras vezes, o que permite comprovar sua eficácia. Por outro lado, o dado de fé possui um cunho existencial, já que pressupõe a busca de sentido, a abertura ao não-saber, a ausência de domínio. A fé é determinante de um caminho, de um traçado de ações e condutas que vão nos constituir como pessoas, seres humanos únicos e que espelham a imagem de Deus.

É decisivo que não haja conflito entre fé e ciência, pois os dois conceitos não se contradizem, antes se complementam. Enquanto o evolucionismo solicita a comprovação científica, a fé, enquanto fruto da experiência histórica e transcendente de um povo, convida o ser humano a entrar em relação com Deus, que é a razão e o objetivo de sua existência e de sua história. O problema surge, exatamente, no momento em que entendemos os dois domínios em chave de exclusão, e não de articulação; surge assim a postura religiosa fundamentalista, que nega os avanços e descobertas científicas baseando-se numa interpretação literal dos escritos bíblicos.

A motivação da antropologia teológica não é dar respostas à pergunta "como, quando e onde o homem foi criado", posto que isso é função da ciência. Ao contrário, a função da teologia é buscar o sentido da existência humana: trata-se de perguntar para que e por que o ser humano foi criado. Sendo assim, a teologia permite confortar o homem, para que Deus possa, em comunhão com a criatura, refazer todas as coisas.

Deus como providência: a dinâmica do encontro

Não se pode negar que Deus cuida de nós o tempo todo

e em qualquer situação, e esta afirmação está presente no decorrer de toda a Sagrada Escritura. Porém, esse cuidado só pode ser percebido se, e somente se nos relacionamos com Ele. A isso denominamos "providência de Deus".

A providência é o modo de ser de Deus, que se dá a nós integralmente, até as últimas consequências, se envolve conosco numa plenitude de sentido. Infelizmente, ao longo da história, nós cristãos entendemos a providência de Deus infantilmente, gerando projeções, inseguranças, interesses; e ferindo, dessa forma, a dinâmica do encontro e a condição de transcendência, nos esquecendo que o Cristo está mais dentro de nós do que nós mesmos imaginamos.

Deus age como causa segunda; como causa primeira age a natureza. Deus não atua baseado na lógica humana. Se penetrássemos, de verdade, nesse envolvimento e nessa relação de encontro com Deus, com os outros e conosco mesmo, já estaríamos semeando o fortalecimento do reino de Deus neste mundo, pois Deus está presente dinamicamente no amor, mesmo nas situações mais críticas e difíceis de nossa existência.

Deus não anula, de forma alguma, as consequências das nossas atitudes, já que somos seres de liberdade e de responsabilidade; mas acolhe-nos em seu amor infinito, permitindo-nos, assim, reagir às dificuldades, quando nos libera para o amor, para o envolvimento e encontro com o outro, com o diferente. Esta é a própria dinâmica de salvação, e não importa o que nos aconteça: na presença da Trindade, sempre é possível forjar o bem e o belo.

-8-
O PROBLEMA DO MAL

Amados, amemo-nos uns aos outros, pois o amor vem de Deus e todo aquele que ama nasceu de Deus e conhece a Deus. Aquele que não ama não conheceu a Deus, porque Deus é Amor.

(1Jo. 4,7-8)

Tese

O problema do mal, além de ser o único argumento filosófico contra a existência de Deus, redunda também numa questão de antropologia teológica quando desafia, profundamente, a ação criadora e a bondade divinas. A solução teórica *inexiste*. Racionalmente, não somos capazes de responder ao problema do mal, posto que, para o ser humano, ainda se trata de um mistério. Resta-nos, no entanto, a resposta existencial e cotidiana que podemos dar se optarmos por produzir o bem e dirimir o mal.[25] Por meio do Novo Testamento, a *opção pelo amor* (ação gratuita) é a única resposta que pode ser dada.

A partir dos escritos bíblicos do Antigo Testamento (Gn. 1,1-25), podemos afirmar que "Deus criou tudo e viu que isso era bom". Partindo desse pressuposto teórico, do dado revelado,

---

25 Ainda que o trágico nos advenha, é possível ao ser humano, no exercício de sua liberdade, a escolha deliberada do bem.

sabemos que o mal não tem sua origem em Deus. O mal moral surge da desobediência da criatura em relação a seu criador (Gn. 3,1-13). Já o mal físico tem nessa mesma passagem uma explicação que, por ser mítica, não satisfaz às condições de racionalidade. Além disso, não foi Deus quem gerou o mal físico (natural), nem nós tampouco. Há apenas a explicação mítica.

Por outro lado, nos escritos do Novo Testamento não é questionada a origem do mal, mas sim explicitado como devemos lidar com ele: libertamo-nos do mal a partir do seguimento da Pessoa de Jesus Cristo. Consequentemente, pode-se vencer o mal por meio de sua morte e ressurreição. Por sermos criaturas, somos frágeis e imperfeitos; e, consequentemente, necessitamos da graça de Deus para evitar que nos atolemos no mal. Sendo assim, a solução apresentada no Novo Testamento é uma solução existencial; haja vista que em seu discipulado Jesus não nos conclama a aprender uma teoria, mas a permanecer com ele e aprender a amar. Desta feita, conheceremos o Pai, que é Amor.

Argumentação

Ao longo da história do Ocidente, foram apresentadas algumas tentativas de solução do problema do mal, tais como:

(1) *Explicação cotidiana:* Deus permitiria o mal, posto que, "se não vai pelo amor, que seja por meio da dor"; e afirma que Deus aceita o mal como um modo de purificação, de castigo e de motivação à conversão.

(2) *Explicação mítica:* mitos que enfocam o período anterior à criação expressam a luta da divindade contra o mal, a fim de trazer a criação ao mundo; após a criação do mundo, os mitos descrevem a desobediência da criatura em relação ao seu criador.

(3) *Filosofia Antiga:* destaca-se, principalmente, a tendência dualista de divisão entre o bem e o mal na

releitura de Platão realizada pelo médio-platonismo e neoplatonismo, além do renascimento do orfismo (Kirk, Raven & Schofield, 1994, pp. 15-28)[26] e do pitagorismo na antiguidade tardia.[27]

(4) Leibniz: um dos maiores pensadores metafísicos da modernidade, é responsável pela difusão do termo *"teodiceia"* (Leibniz, 1969).[28] Em sua obra intitulada *Essais de Theodicée*, Leibniz descreve a distinção entre o mal moral (liberdade humana), o mal físico e o mal metafísico (finitude humana). Apesar de reconhecer a existência do mal, ele afirma que habitamos "o melhor dos mundos possíveis", limitando assim a onipotência divina.

(5) Marx: o mal pensado sob o ponto de vista moral, já que, para Marx, mal é sinônimo de alienação, de estrutura econômica alienante. No entanto, permanece sem explicação o fato de a estrutura e superestrutura serem maléficas, posto que, se o ser humano é bom, quem produziria supostamente a estrutura, que é um mal?

(6) Perspectiva evolucionista: desconsidera o conceito

---

26 O orfismo é a corrente mais antiga do Ocidente, que apresenta a noção de que o corpo é o túmulo da alma. Baseia-se na leitura mítica que narra a união de Zeus com Perséfone e o consequente nascimento de Dionísio, que foi morto pelos Titãs. Revoltado com a morte de seu filho, Zeus fulmina os Titãs, que depois renascem das cinzas gerando a raça humana. Sendo assim, a raça humana é uma mistura entre mortal (o corpo) e divino (a alma), o corpo sendo visto como algo ruim, daí o pessimismo grego.

27 A antiguidade tardia é um período histórico que açambarca de I a.C. até VI d.C. Trata-se um período de mix cultural, já que uniu o pensamento oriental (resultante das viagens de Alexandre, o Grande) às releituras platônico-aristotélicas implementadas pelos acadêmicos (discípulos de Platão) e os escolarcas, ou peripatéticos (discípulos de Aristóteles). Considera-se que pertencem a esse período histórico apenas textos de conteúdo grego e de língua grega. Textos cristãos em língua grega já são considerados textos cristãos.

28 Teodiceia é a junção dos termos gregos *theós e díke*, que significam respectivamente: Deus e Justiça. O tratado de teodiceia trata do problema do mal que se pergunta como é possível que um Deus justo tenha criado o mal?

de "pessoa", uma vez que aceita a evolução do ser humano, a seleção natural. Neste sentido, não há problema algum no fato de os fracos morrerem em benefício da evolução da espécie; é razoável que, para o benefício de muitos, alguns morram.

(7) Ciências humanas: no transcurso da modernidade, modificaram-se alguns termos clássicos da metafísica, dentre eles: alma (mente); mal (disfunção); ser (objeto). Isso ocorreu porque a ciência pode lidar somente com o que é cognoscível, ou seja, com o que é passível de ser apreendido pelos cinco sentidos e se encontra em uma coordenada de tempo e espaço, para não mencionar que qualquer dinâmica da realidade que suplante o objeto não pode ser conhecida, somente pensada. Sendo assim, o mal é explicado a partir do desajuste entre indivíduo e seu meio ambiente e meio social.

Contudo, considerando cada uma dessas explicações para o problema do mal, podemos afirmar que qualquer uma delas tem sua origem na compreensão da estrutura de mundo fundamentada no *princípio de causa e efeito*. Ora, o princípio de causa e efeito é um princípio pertencente, exclusivamente, à lógica humana, e não podemos querer restringir a dinâmica da realidade ao *logos* humano. A lógica divina difere tanto da lógica do real quanto da lógica humana. Por esta razão, a solução para o problema do mal, que ultrapassa a lógica humana, não pode ser teórica. Deve, sim, ser existencial, pelo simples fato de que é na existência (lógica do criador) que nos relacionamos com a Trindade, com o Deus Salvador, que é puro amor. Somente existindo podemos aprender a agir movidos pelo amor, pela gratuidade.

Na figura de Adão, o homem voltou seu olhar para fora de Deus e abraçou idolatrias atraentes, levando-nos a olhar somente para nós mesmos, visando nossa autonomia, a consecução de nosso ego. Isto nada mais é do que um fechamento de quem quer receber graças, sem, no entanto, assumir a responsabilidade por suas ações. Colocamo-nos, sempre, como a ovelha perdida, aquela que pede colo e socorro, esquecendo-nos, portanto, de que para fazer parte do rebanho de Deus, precisamos estar atentos e confiantes no pastor. Neste sentido, ainda que a ausência de Deus seja sentida, sabemos que não estamos abandonados (Lc. 15,1-7). Amadurecidas, as ovelhas confiam. De que vale o dom da retórica sem o discurso? De que vale o talento do artista — pintor, escultor ou escritor — se não está manifestado em suas obras, em suas ações? Deus dá dons a todos, mas é necessário fazer uso deles com gratidão e responsabilidade, e pô-los a Seu serviço (Mt. 25,14-29). Recusar as graças significa recusar sua aliança, desistir da convivência com Ele.

O mal é um problema prático-existencial que traz confusão, haja vista a multiplicidade de interpretações, constantemente equivocadas. Em *termos pastorais*, é preciso levar-se em consideração a diferença entre nossas atitudes e suas consequências, evitando assim o perigo da expectativa que geramos através de nossos atos. A dinâmica da realidade não está fundamentada no princípio de causa e efeito. Nós, seres humanos, é que entendemos a realidade por esse prisma. Sob o ponto de vista axiológico, o resultado de nossas ações pode ser, para nós, ou feliz e positivo, ou infeliz e negativo. As consequências de nossos atos são, simplesmente, uma parte do processo desencadeado por nossas ações. Some-se a isso o fato de que essa dinâmica é, inclusive, explicada pela Física, em termos de força (3ª Lei de Newton).[29]

Enfim, em termos de raciocínio humano, toda ação gera uma reação. Além disso, todas as interações humanas, por mais simples ou rápidas que possam ser, nos afetam negativa ou positivamente, nos modificando, nos moldando, nos transformando, nos provocando. E gerando, com isso, movimento em nossa história pessoal. Somos construídos por essas experiências, por esses encontros decorrentes de nossas vidas, de nossa peregrinação.

---

29 Para toda ação há sempre uma reação oposta e de igual intensidade; ou, as ações mútuas de dois corpos um sobre o outro são sempre iguais e dirigidas em sentidos opostos.

Em termos pastorais, é mister frisar que nossas ações não devem estar voltadas para um fim, não devem ser teleológicas, fundamentadas na compreensão de tempo cronológico; mas sim voltadas para a compreensão de tempo enquanto *kairós*, dessa forma evitando uma geração de expectativas, causa de muitos males hodiernos, como ansiedade, frustração e depressão, dentre outros. Devemos buscar agir como Deus age, isto é, na incondicionalidade do Amor, na vigência plena do instante. O importante é que as consequências de nossas ações sejam fruto de atitudes fundamentadas na compreensão de que, antes de tudo, o ser humano é um ser relacional, porque é feito à imagem e à semelhança de um Deus (Gn. 1,26) que vive em comunidade, sendo Uno e Trino ao mesmo tempo.

O mal não está incluído no projeto de Deus para o ser humano, em seu projeto salvífico. O amor, por exemplo, está voltado para a relação, e só existe na verdade enquanto há o outro, o amado; caso contrário, é mero egoísmo. O que Deus espera de nós é tão somente uma resposta responsável a partir desse amor, e por esta razão Ele deu ao ser humano o domínio sobre toda a sua criação, demonstrando, assim, Seu amor para conosco: "Porque ele faz raiar o seu sol sobre maus e bons e derrama chuva sobre justos e injustos" (Mt. 5,45-46).

Quanto a nós, homens e mulheres contemporâneos, como reagimos ao convite de Deus? Esta é a grande questão, pois nos consideramos autônomos, senhores de nós mesmos; e agindo assim, viramos as costas para Deus e Sua graça, objetivando adquirir poder, *status* e ascensão social. Infelizmente, nos esquecemos de que o outro diante de nós também é uma pessoa, e por isso mesmo, é imagem e semelhança de Deus assim como nós — não conseguindo ir além das aparências, não enxergamos o Cristo no outro.

Fé e caridade necessitam caminhar juntas. De fato, não há fé verdadeira e madura se a caridade não estiver presente, se não houver gratuidade e desinteresse nas relações e interfaces que estabelecemos em nossas vidas. E com Deus, como nos relacionamos? Como Lhe respondemos? Parece-nos que agindo somente a partir da expectativa de que haja um retorno de nossas ações, tal como o fariseu que cumpria a lei e se sentia mais digno do que o publicano (Lc. 18, 9-14). Na verdade, nos sentimos injustiçados frente às graças recebidas por outrem (Mt. 20, 1-16); nos tornamos invejosos e egoístas e, o que é pior, achamos que estamos agindo da maneira certa, o que resulta num aumento ainda maior da nossa arrogância (Lc. 15,11-32).

O caminho que nos foi mostrado por Jesus deve ser seguido e introjetado em nossos corações, em nosso ser, em nosso agir. Daí a importância da graça, de convivermos com o nosso Deus. O primeiro e importante passo é acolher pessoas em nossa comunidade, ainda que nesta pessoa encontremos hostilidade, ainda que haja uma tremenda falta de confiança por parte dela, ainda que haja, em razão disso tudo, um gasto desnecessário de energia de nossa parte. Ainda assim é necessário que expressemos sentimentos afirmativos, estimulando os outros a fazer o mesmo e assim valorizando a pessoa do outro, procurando ver nele o que há de melhor, e como ele pode contribuir para a comunidade, facilitando assim sua integração. Para tal, é indispensável, como substrato humano, a comunicação não só pela sensibilidade, como também pelo afeto.

-9-
COMENTÁRIO À ENCÍCLICA *EVANGELIUM VITAE*

A *Carta Encíclica Evangelium Vitae,* sobre o valor e a inviolabilidade da vida humana, está inserida num cenário mundial de profundas transformações, tanto no âmbito técnico-científico, quanto na consciência individual e coletiva acerca dos valores éticos e morais, e de nossa organização social, econômica e política.

Diante de tal cenário, a carta procura evidenciar aspectos das ameaças no âmbito biomédico, como o aborto, a eutanásia, a manipulação de embriões, diagnósticos pré-natais, contracepção, técnicas de reprodução assistidas e semelhantes. Também traz à tona a problemática da relação entre lei moral e lei civil, reafirmando a responsabilidade do cristão, que, inserido no contexto sócio-político, deve preservar, defender e promover a vida dentro de uma orientação ética desenvolvida por meio dos valores fundamentais, a partir do reconhecimento da vida humana como dom de Deus. A encíclica desenvolve duas análises principais: a primeira ressalta os aspectos sombrios do atual momento social, afirmando que estamos diante de uma "cultura da morte"; e a segunda procura os sinais de esperança dentro de tal contexto, procurando desenvolver uma "cultura da vida".

O capítulo 1 nos apresenta um horizonte de luzes e trevas, bem e mal, morte e vida, sob a perspectiva do relato bíblico no qual Caim levantou a mão contra o irmão Abel e o matou (Gn. 4, 8). A partir daí somos convidados a lançar um olhar sobre a realidade atual, os dramas e as ameaças que envolvem a vida humana. Negando-se a escutar, e tornando-se, assim, indiferente a Deus, Caim rompe o vínculo relacional com o Senhor da vida. Por livre decisão, distante daquele que dá sentido à sua existência e da relação com seu irmão Abel, decide matá-lo, rompendo com todo e qualquer vínculo fraterno de comunhão e tornando-se um assassino. Assim se comporta a humanidade, todas as vezes que se distancia dos preceitos morais e religiosos, da Lei de Deus.

O capítulo 2 traz uma reflexão teológica à luz da palavra de Deus: "Vim para que tenham vida". Inicia com o Antigo Testamento e se centra, sobretudo, na figura de Jesus Cristo, que proclama a si mesmo "o caminho, a verdade e a vida", e que assim define a sua tarefa: "Eu vim para que todos tenham vida e a tenham em plenitude". Neste segundo capitulo, o papa João Paulo II faz uma análise abrangente da ética e da inviolabilidade da vida sob o olhar de Jesus Cristo, em quem o projeto da vida encontra sua realidade por meio de sua defesa intransigente e inviolável, sobretudo numa sociedade que se diz moderna e que pretende ser livre. É pela escuta e observância do Evangelho da vida (cultura bíblica) que o homem viverá com dignidade e justiça, produzindo frutos de vida e de felicidade. Sendo assim, a encíclica não pretende mostrar simplesmente o lado negativo, ao contrário, se concentra no aspecto positivo, na dignidade da vida humana e em seu valor inalienável. E, portanto, na necessidade de sua defesa.

O capítulo 3 apresenta os diversos elementos provocadores, frutos de uma cultura de morte: aborto, eutanásia, experiências embrionárias, analgésicos e narcóticos, dentre outros. Para tal reflexão, traz à tona a relação entre Evangelho e mandamento, mostrando que a vida eterna se dará para o homem pela observância dos mandamentos, pois os mandamentos estão diretamente ligados ao amor de Deus, "sempre um dom para o crescimento e a alegria do homem". Deus criou o homem para ser senhor de si mesmo e do mundo; criou-o à Sua imagem e semelhança, e Lhe deu o domínio sobre as outras coisas criadas. Um domínio, porém, não absoluto.

Além disso, a partir de uma leitura das formas de relação no mundo contemporâneo, João Paulo II elenca alguns elementos que devem ser observados e repensados pela sociedade, entrelaçados a uma consciência ética moral que engloba todos estes elementos. A legítima defesa, a pena de morte, o aborto, a eutanásia, o suicídio e o homicídio, como também as questões referentes à bioética, como embriões, pré-natal e esterilização, fazem parte de uma mentalidade relativista fundamentada na cultura contemporânea, que relativiza a verdade, segundo o ponto de vista daquele que pensa.

A encíclica aborda, também, a relação entre lei civil e lei moral. Como todas as pessoas de boa vontade, o cristão, especialmente se tem influência na elaboração das leis, é chamado a um renovado compromisso para promover mudanças em leis injustas e na mentalidade coletiva quanto a essas agressões à vida humana. Motivados e guiados pelos mandamentos de Deus (preceitos morais) que nos ensinam o caminho da vida, e tendo como horizonte a Santa Lei de Deus — não matarás —, devemos amar, respeitar e promover a vida de cada homem e de cada mulher, de cada embrião, de cada ser, com coragem e fortaleza, numa luta incessante para, finalmente, instaurar uma nova cultura — a cultura da vida, fruto da verdade e do amor de Deus em Jesus Cristo: "Amarás o teu próximo como a ti mesmo" (Lc. 10,27).

O capítulo 4 traz a evangelização: a missão, vocação e identidade primeira da Igreja, compreendida através do Evangelho de Jesus Cristo, uma vez recebidos, por graça divina, o anúncio e a salvação. Somos, portanto, o povo da vida e pela vida, marcados por este ato, profundamente eclesial, que compromete todos os cristãos seguidores do Evangelho, cada um desempenhando seu papel segundo seus carismas e seu próprio ministério. Por isso, é nosso dever anunciar, celebrar e servir a este Evangelho da vida.

Ora, Jesus é o único Evangelho, o Evangelho da vida e para a vida. O anúncio deste Jesus é, de fato, o anúncio do Evangelho da vida. Iluminados pelo espírito de Jesus, sentimos a necessidade de testemunhá-lo e proclamá-lo pela surpreendente novidade que o caracteriza: a apresentação da vida humana como vida de relação com seu princípio e fim, o Deus Criador.

Deve-se, contudo, fomentar a celebração da existência cotidiana por meio do amor ao outro, da doação de si e de instrumentos à nossa disposição, como métodos naturais de fertilização, comunidades para recuperação de dependentes tóxicos, centros de menores e de doentes mentais e instituições de acolhimento a doentes terminais, entre outros. Tudo isso, empenhados numa educação para a vida.

A encíclica apresenta ainda as áreas de defesa da vida nas quais os cristãos devem intervir, explicitando linhas concretas de atuação com vistas à construção de uma nova cultura da vida. Por outro lado, a defesa da vida não pode ser simplesmente deixada ao encargo de movimentos que atuam na área social; ao contrário, deve ser parte integrante do ministério da Igreja. É necessário, portanto, preparar pessoas engajadas nos institutos religiosos e teológicos, e isso requer uma educação fundamentada em consistentes valores morais. O documento corrobora a importância e a responsabilidade de uma ação conjunta daqueles que trabalham nos meios de comunicação social, sejam legisladores, juristas, médicos ou cientistas. Somente desta forma se logrará ultrapassar a cruel e silenciosa cultura da morte, provocando uma virada cultural no sentido de promover a vida.

Neste sentido, a família deve desempenhar um papel importante, posto que é convidada a se tornar o santuário da vida, por ter a missão de guardar, revelar e comunicar o amor dos pais. É neste trabalho educativo de transformação da consciência coletiva, fomentado no seio da própria comunidade cristã, que conseguiremos promover e modificar a cultura vigente de morte, em favor da vida humana.

O papa João Paulo II conclui sua encíclica apresentando Maria como um sinal de esperança segura, de consolação na caminhada humana. Olhando para o mundo contemporâneo através da leitura de *Evangelium Vitae*, podemos perceber a complexidade cultural na qual a sociedade se encontra: repleta de incertezas, mas movida por um horizonte, o evangelho da vida. As grandes conquistas e avanços dos tempos hodiernos nos obrigam a rever o caminho positivo que a humanidade percorreu em direção ao progresso e à conquista de condições mais humanas de vida; não se pode, porém, desprezar os grandes perigos, como a tentativa de determinadas tendências socioculturais no sentido de manipular as leis e o comportamento das pessoas. Constata-se, hoje, um certo relativismo cultural, cujos sinais são evidentes, especialmente quando defende um pluralismo ético que sanciona a decadência e a dissolução da razão e dos princípios da lei moral natural. Se, por um lado, os cidadãos reivindicam a mais completa autonomia para suas próprias escolhas morais, por outro os legisladores julgam respeitar essa liberdade de opção ao formularem leis que prescindem dos princípios da moral natural, deixando-se levar exclusivamente por certas orientações culturais ou morais mutáveis, como se todas as possíveis concepções de vida tivessem o mesmo valor.

Ora, se o cristão é obrigado a admitir a legítima multiplicidade e diversidade dessas opções mutáveis e temporais, ele é igualmente obrigado a discordar de uma concepção do pluralismo, em chave de relativismo moral, nociva à própria vida. O avanço da ciência, por exemplo, permitiu atingir metas que abalam a consciência, e nos obrigam a encontrar soluções capazes de respeitar os princípios éticos de forma coerente e sólida. Os católicos, portanto, têm o direito e o dever de intervir, apelando para o sentido mais profundo da vida e para a responsabilidade que todos têm perante ela.

Movidos por e para este fim, e tendo em mente o objetivo do Concílio Vaticano II, é preciso fomentar na Igreja e na sociedade o método de comunhão e participação, com a ação direta dos cristãos e dos cidadãos no mundo em geral, estabelecendo estratégias fortes em defesa e promoção da vida, contra a cultura da morte em todas as suas nuanças.

Que todos se sintam chamados a exercer um papel ativo na defesa e na aplicação concreta do direito à vida, pois só assim estaremos avançando.

-10-
O PARADOXO DA HUMANIDADE

Foi daquela vez que aprendi esse falar de ermitão, de que somente os mais calados e os mais sofredores entendem: eu falava sem testemunhas, para não sofrer com o calar, eu falava puramente de coisas que nada me importavam, mas como se algo me importasse.

Friedrich Nietzsche

O paradoxo é a paixão do pensamento; o pensador sem paradoxo é como um amante sem paixão, um sujeito medíocre.

Martin Buber

No filme "O enigma de Kaspar Hauser" jaz um paradoxo, denominado "enigma" por seu diretor, Werner Herzog. Nós, no entanto, preferimos nomeá-lo como paradoxo. E por quê? Durante todo o filme se pergunta por que Kaspar é diferente de seus concidadãos. No final, surge uma resposta. Após a dissecação de seu cadáver, percebe-se uma deformidade no cérebro de Kaspar Hauser: seu cerebelo é desproporcionalmente maior do que o de um ser humano comum.

Estaria assim elucidado o enigma do filme? Seria essa a resposta que o cineasta queria nos dar? A nosso ver, a resposta aparece tanto no transcurso do filme quanto no paradoxo sutil, quase imperceptível que ele apresenta. Sem dúvida alguma, o filme desse gênio artístico é um convite a pensar, um filme propício aos amantes da reflexão.

No domingo de Pentecostes de 1828, na cidade alemã de Nuremberg, um homem foi deixado sozinho, em pé na praça pública, com uma carta na mão. Ele mal sabia andar, e só pronunciava uma frase. Havia vivido preso num calabouço até então, e por esta razão, desconhecia a existência de outros seres humanos. Durante o período do cativeiro, deixavam seu alimento à noite, enquanto ele dormia. Nunca vira a natureza, sequer sabia o que era uma árvore, um pássaro. Seu único companheiro era um pequeno cavalo de madeira com que brincava, empurrando-o para lá e para cá. Até que um dia um homem entrou na cela onde ele jazia, sentiu compaixão e o tirou de lá, mas como não queria se comprometer, deixou-o em pé na praça com a carta na mão.

O mistério de sua origem permanece durante todo o filme. Nada, absolutamente nada é descoberto sobre seu passado, apenas sinais tenebrosos são deixados com os dois atentados que ele sofre: um golpe na cabeça e uma apunhalada no peito, que foi sua *causa mortis*. O subtítulo do filme é desanimador: *Jeder für sich und Gott gegen alle* [Cada um por si e Deus contra todos].[30]

O paradoxo surge com a diversidade de atitudes entre Kaspar Hauser e seus concidadãos. Por nunca ter convivido nem com as pessoas, nem com a natureza, Kaspar nunca havia experimentado a sensação de perigo, não sentia medo sequer de uma chama de fogo. Por outro lado, os pequenos afazeres diários ganhavam para ele uma enorme dimensão, pois vivenciava cada instante de maneira plena. Interessante notar o cuidado, a atenção e a concentração com que fazia cada coisa, o modo como brincava com o passarinho, estudava com as crianças, conversava com o senhor que o acolhera em casa. Kaspar estava

---

30 Tradução da autora.

atento a tudo e a todos. Os cidadãos, por outro lado, estavam ocupados em enquadrá-lo nas normas da lei. Queriam que não fosse sustentado pelo erário público, e assim se expressavam a respeito do assunto: "Ele tem que se sustentar sozinho; precisamos tirar proveito do interesse que o público tem por ele". Neste sentido, acabaram por expô-lo ao público no circo, como um dos quatro enigmas do universo.

Kaspar foge do circo com os outros três enigmas e, finalmente, recebe ajuda de um homem rico e nobre, que se tornou seu único amigo e o auxiliou no processo de educação civilizatória. Com o passar dos anos, na lida com os seres humanos, Kaspar Hauser afirmava que os homens eram como lobos. Dizia, insistentemente, que era desprezado por todos, e que sua cama era o único lugar agradável do mundo, todo o resto era ruim. Além disso, repetia veementemente que seu aparecimento neste mundo era um duro golpe. Um exemplo disso aparece na festa organizada para recepcionar um inglês riquíssimo e viajado, que estava interessado nos progressos civilizatórios alcançados por Kaspar Hauser, e, principalmente, na música tocada ao piano. Lá, Kaspar foi apresentado não só à alta sociedade, como também ao prefeito e sua esposa. No momento em que a esposa do prefeito lhe pergunta como era sua vida no cativeiro, ele causa um estupor geral ao responder que sua vida era melhor no cativeiro do que no meio da sociedade.

Em seu clássico livro intitulado *Ser e Tempo* (Heidegger, 2006, p. 246), Martin Heidegger disserta acerca de sua compreensão antropológica afirmando a duplicidade ontológica da vida humana: quer o ser humano queira, quer não, ele já existe em sua dupla possibilidade, ser como si mesmo e/ou ser como os outros. Para representar essa duplicidade, Heidegger utiliza dois conceitos alemães: *Eigen und Man*.[31] No entanto, essa estru-

---

31 *Eigen*, em alemão, quer dizer si próprio, si mesmo; enquanto *Man* significa o "a gente", o "impessoal". Trata-se de todos e de ninguém ao mesmo tempo. Heidegger quer esclarecer que o ser humano vive sempre a dubiedade de ser verdadeiramente aquilo que já é (natureza) e aquilo que a cultura faz dele (processo civilizatório). Esse embate dura toda a vida, e ser humano é viver nesse embate.

tura ontológica existencial não é excludente, uma vez que também quando não somos nós mesmos aprendemos a ser aquele que somos e, quando somos aquele que já somos, aprendemos a não ser aquele que não somos — trata-se de uma estrutura dialética que nunca finda. Além disso, Ortega y Gasset coaduna do mesmo pensamento heideggeriano, embora através de conceitos distintos: "ensimesmamento e alteração" (Ortega y Gasset, 1973, p. 56). Segundo Ortega y Gasset, o trabalho fundamental do ser humano é viger na e desde a alteridade (*alter*-outro), porém sendo si mesmo: "Contemplando esse destino de inquietação sem descanso, chega o momento em que nos dizemos: que trabalho!" (Ortega y Gasset, 1973, p. 57).

Por outro lado, Martin Buber (Buber, 2009) esclarece que o mundo é duplo, segundo a dualidade de atitude do ser humano. Quando o ser humano vive de modo intenso, ao se envolver com as coisas e as pessoas acaba por se tornar aquilo que já é, e por isso é uma pessoa feliz. Ao contrário, se alguém vive de modo superficial, seguindo regras pré-estabelecidas e sem se envolver com as pessoas pelo valor que lhes é implícito, procurando somente coisificar o ser humano para obter os louros do bel-prazer, essa pessoa jaz à beira da morte.

Defendemos a hipótese interpretativa de que Werner Herzog quis mostrar esse paradoxo fundamental, esse enigma da vida humana definido por Heidegger, Ortega y Gasset e Martin Buber. Através do personagem de Kaspar Hauser, Herzog apresentaria a vida humana mais próxima de si própria, daquilo que os gregos denominaram "natureza"). Quanto aos cidadãos que estão sempre julgando e criticando Kaspar por meio de adjetivos pejorativos, representariam a vida no senso comum, a vida de homens escravizados, agrilhoados a hábitos e costumes sociais. Talvez tenha sido esta a razão de Kaspar Hauser afirmar que a vida no cativeiro era mais livre do que no meio da multidão. Neste sentido, apesar de haver vivido boa parte de sua vida no cativeiro, Kaspar Hauser era mais livre do que os demais, homens civilizados pela cultura.

Por outro lado, as duas visões de Kaspar Hauser no filme demonstram a compreensão que o personagem tem de seus concidadãos. Na primeira, há um grande número de pessoas subindo uma montanha encoberta pela névoa, que os leva à morte. Na segunda visão, aparece uma caravana parada no deserto, incapaz de encontrar uma saída. Qual seria o significado dessas visões, senão a presença de uma vida afetada pela ausência de sentido, voltada exclusivamente para os afazeres cotidianos, sem se deixar tomar pelas questões fundamentais, aquelas que decidem quem nós somos e quem nós queremos ser?

Kaspar era alvo de pilhéria por parte da sociedade, sem dúvida. No entanto, era ele quem vivia a vida com profundidade, posto que tudo fazia e modo inteiro e pleno, nada com dolo ou de modo planejada, medido, com anseios de domínio e controle.

Kaspar Hauser não manipulava nem instrumentalizava as pessoas. Ele vivia, simples assim. E era exatamente esse o seu grande enigma.

-11-
COMENTÁRIO À ENCÍCLICA *POPULORUM PROGRESSIO*

Abri os caminhos que levam pelo auxílio mútuo a um aprofundamento do saber, a ter um coração grande, a uma vida mais fraterna numa comunidade humana verdadeiramente universal.

Populorum Progressio

Publicada em 26 de março de 1967, esta encíclica do papa Paulo VI demarca a preocupação social da Igreja com os novos aspectos conjunturais que se delineavam no cenário internacional da época. Dando continuidade às encíclicas anteriores — *Rerum Novarum* de Leão XIII, publicada em 1891 e a *Quadragesimo Anno* de Pio XI, escrita em comemoração aos quarenta anos de publicação da *Rerum Novarum* —, a *Populorum Progressio* torna explícita, de forma visionária, não só a preocupação do Magistério da Igreja com as desigualdades sociais, mas também, e fundamentalmente, a entrada do aspecto científico-tecnológico no sistema econômico, tornando a exclusão social um fator mais radical e de difícil superação, tanto a nível individual quanto a nível coletivo, como no caso das nações subdesenvolvidas, com déficit permanentemente na balança comercial devido à exportação de produtos primários e importação de produtos terciários.

Segundo Christopher Pierson (Pierson, 1998, p. 14), o termo *Welfare State* já era utilizado no final do século XIX, mas foi somente após a grande crise de 1929 nos Estados Unidos que os países capitalistas começaram a adotar a política governamental do "Estado de Bem-Estar Social". Esta política apostava na possibilidade de o Estado intervir na vida social dos cidadãos, de modo que todos tivessem acesso aos serviços básicos de saúde, educação, renda mínima, seguro desemprego e habitação, dentre outros. Apesar disso, as possíveis desigualdades sociais em relação aos operários que o Papa Leão XIII já destacava no parágrafo dois da *Rerum Novarum*,[32] — "vir em auxílio dos homens das classes inferiores", já que estão em situação de infortúnio e miséria imerecida — não somente se confirmou, mas na verdade se agravou sobremaneira com o desenvolvimento científico-tecnológico.

O desenvolvimento científico-tecnológico ao qual nos remetemos diz respeito às importantes mudanças na área de ciência e tecnologia surgidas antes da *Populorum Progressio*, levando tanto aos primórdios da globalização como a um crescimento avantajado do setor terciário da economia. Todavia, enquanto o setor de serviços da economia se expandia, ocorria concomitantemente um atraso dilacerante no setor primário, ampliando as áreas de pobreza e de subdesenvolvimento de várias nações.

Neste sentido, tais transformações traziam um clima de insegurança e angústia. Todo mundo percebia que era ne-

---

32 A *Rerum Novarum* trata especificamente da preocupação do papa Leão XIII com os operários no final do século XIX, não só pelos novos aspectos sociais advindos da revolução industrial, mas também pelas formações político-democráticas do final do século XIX. O papa estava muitíssimo preocupado com o fim das corporações de ofício, e por esta razão apoiava a formação de sindicatos, a fim de que os operários tivessem seus direitos e deveres protegidos pela justiça e pela equidade.

cessário realizar reformas para que as inovações econômicas, científicas e políticas tomassem um rumo mais humano e mais justo, sem criassem distâncias abissais entres pessoas e nações e ferissem tão profundamente a dignidade da pessoa humana, fator primordial de atenção.

Na introdução, o papa Paulo VI esclarece que, devido ao desenvolvimento científico-tecnológico, à consequente globalização e ao acirramento das desigualdades e consequentes exclusões sociais, a Igreja está atenta a todo e qualquer esforço de povos e nações que procurem sair de seu estado letárgico. Outrossim, a partir do Concílio Vaticano II, a Igreja se vê na obrigação de servir aos homens, no sentido de ajudá-los a compreender a profundidade do problema, além de convencê-los da importância imediata de uma ação solidária, uma vez que, atualmente, os povos em estado de fome pedem socorro aos povos que se encontram em estado de opulência. Através das viagens internacionais que realizou, o papa pode verificar pessoalmente o quadro de desigualdade social do mundo, e, como consequência, criar uma comissão pontifícia denominada *Justiça e Paz*, encarregada de suscitar no Povo de Deus o ensejo de promover a justiça social, de modo a oferecer auxílio aos povos mais carentes.

Primeira Parte: Para o desenvolvimento integral do homem

Partindo de um conhecimento global sobre as aspirações do homem moderno, Paulo VI explicita como objetivo comum "a libertação da miséria, a subsistência alcançada com mais segurança, a saúde, o emprego estável e a participação nas responsabilidades referentes à política da nação". Acrescenta, ainda, a preocupação com as nações que haviam alcançado há pouco tempo a independência nacional, ressaltando a necessidade de crescerem de forma autônoma diante dos demais países. Outro fator de preocupação é o fato de que as condições econômicas e sociais acabam por transformar esses legítimos desejos em uma grande ilusão.

A colonização, forma tradicional de ocupação e processo civilizatório, apesar de ter trazido várias melhorias para as nações ocupadas, como o afastamento da ignorância e da doença, acabaram por deixar um sistema econômico instável, devido, muitas vezes, aos desejos e interesses das nações colonizadoras. Tal mecanismo econômico, abandonado a si mesmo, tende a arrastar o mundo para uma maior desigualdade social: os povos ricos crescem rapidamente, e os povos pobres veem suas iniciativas sendo frustradas, no que diz respeito à melhoria em sua qualidade de vida.

O problema atinge um nível cultural, pois as civilizações tradicionais têm seus valores desafiados pela civilização industrial. Muitos jovens se deixam levar pela ilusão e promessas de riqueza, deixando para trás suas instituições e crenças atávicas com a falsa esperança de inserção nesse mundo novo. Alcançando proporções mundiais, tais problemas despertam um sentimento de revolta nas classes mais pobres, e até mesmo os camponeses tomam conhecimento de sua imerecida miséria. Surge, então, o perigo de que tentem resolvê-los de maneira violenta, recorrendo a insurreições revolucionárias que podem tender tanto ao totalitarismo quanto ao messianismo.

Fiel aos ensinamentos de Cristo, a Igreja muitas vezes interveio nas relações entre colonizadores e nativos, protegendo estes últimos da cobiça dos estrangeiros e regulando a utilização dos recursos naturais. Sem a intenção de interferir na política dos Estados, porém atenta aos clamores da comunidade humana, a Igreja vê-se obrigada a propor os valores presentes no Evangelho, na tentativa de garantir a santificação dos povos e a promoção da dignidade humana em todas as nações. Neste sentido, a dignidade humana é interpretada sob um ponto de vista integral, não bastando visar apenas o crescimento econômico, mas, ao contrário, estimulando um desenvolvimento integral, que atinja todos os homens e o homem todo, em todas as suas dimensões — intelectual, moral, espiritual, física e social, dentre outras.

Paulo VI afirma ainda que o desenvolvimento e o crescimento pessoal são tarefas de todos os homens, impostas por Deus como um dever a ser realizado, já que, dotados de inteligência e liberdade, todos são responsáveis por seu próprio crescimento e salvação. Contudo, para que o crescimento atinja a plenitude, não só pessoal, como também comunitária, deve-se respeitar a verdadeira escala de valores: os bens temporais não podem sobrepor-se aos bens espirituais, haja vista que a tentação de cobiça e o desejo de poder constituiriam um obstáculo a todas as iniciativas de desenvolvimento. A avareza pessoal, familiar e nacional, que afeta igualmente ricos e pobres, suscita um materialismo que sufoca o espírito. Sendo assim, como remédio para a condição mundial e pessoal o papa recomenda os valores superiores do amor, da amizade, da oração e da contemplação. Unidos à responsabilidade de cada um, tais valores fariam crescer a solidariedade universal, que é dever de todos.

Por outro lado, mais do que a simples iniciativa individual, faz-se necessária a criação de programas para integrar a ação entre indivíduos e organismos intermediários, já que cabe aos poderes públicos escolher os objetivos a atingir, e mesmo impor as ações a serem realizadas. Nesse diapasão, o Santo Padre aponta diversas soluções a serem empreendidas com o fim de obter um desenvolvimento solidário entre as nações: o destino universal dos bens, a propriedade privada como direito do trabalhador e uma intervenção do Estado tendo em vista o bem comum, nos casos de má utilização da propriedade. Paulo VI alerta também para que o uso dos rendimentos alcançados com os bens nacionais, que devem ser utilizados em prol da própria nação, e não em investimentos egoístas.

Segue-se a proposta de que a política esteja a serviço do homem, e de que os projetos de alfabetização sejam difundidos por organizações internacionais, para que alcancem as nações mais pobres, pois capacitam o homem a alcançar por si mesmo as bases de seu desenvolvimento. Além disso, tais ações resguardam o valor da família tradicional como encontro de gerações que se enriquecem mutuamente pela confiança, amizade e transmissão de conhecimentos e valores de cunho espiritual e moral. Por outro lado, a encíclica acentua que o crescimento demográfico não deve ser refreado por medidas que impeçam o surgimento e a perpetuação da vida; o Estado deve, ao contrário, apenas propor informações que respeitem a dignidade da vida humana, para que cada um possa ser responsável pelos filhos que gerar.

Concluímos essa primeira parte afirmando que, para promover o humanismo total, é preciso abrir os horizontes aos valores do espírito e ao próprio Deus, fonte do verdadeiro humanismo. Abrir-se ao Absoluto: eis a solução proposta pelo Santo Padre. Organizar a terra sem Deus seria organizá-la contra o próprio homem.

Segunda Parte: Para um desenvolvimento solidário da humanidade

O desenvolvimento do homem não pode se realizar sem o desenvolvimento solidário da humanidade, e por isso as nações devem se encontrar e buscar meios de cooperação tendo em vista uma verdadeira comunhão entre os povos. Para que isso aconteça, deve ser priorizada a assistência aos mais pobres. Não se trata apenas de vencer a fome, nem tampouco de afastar a pobreza, mas de construir um mundo em que todos os homens, sem exceção de raça, religião ou nacionalidade, possam viver uma vida plenamente humana, livre de servidões, "um mundo em que a liberdade não seja vã e em que o pobre Lázaro possa sentar-se à mesa do rico".

No entanto, pode-se perguntar: Estará o rico pronto a doar seu dinheiro a fim de sustentar as obras e missões organizadas em favor dos mais pobres? Estará disposto a pagar mais impostos, para que o poder público intensifique o esforço pelo desenvolvimento igualitário? Argumenta-se que "nenhum povo tem o direito de reservar suas riquezas para seu uso exclusivo. Cada povo deve produzir mais e melhor para dar aos seus um nível de vida verdadeiramente humano e, ao mesmo tempo, contribuir para o desenvolvimento solidário da humanidade", de modo que o supérfluo dos países ricos deve pôr-se a serviço dos países pobres. Para que isso de fato ocorra, são necessários na prática programas bem organizados, que superem as rivalidades estéreis e estabeleçam um diálogo fecundo e pacífico entre todos os povos. Cabe, contudo, ressaltar que "não se trata de favorecer os preguiçosos e os parasitas".

O Magistério da Igreja ressalta a importância da equidade nas relações comerciais, de modo que a solidariedade mundial permita a todos os povos se tornarem artífices do seu próprio destino. Essa solidariedade, no entanto, deve ter como viés a caridade universal, permitindo que nos apercebamos do fato de que o mundo está doente, e que o mal reside, principalmente, na falta de fraternidade. Por outro lado, faz-se mister que ninguém, seja qual for a sua situação, se mantenha injustamente entregue às arbitrariedades, sem procurar favorecer os mais necessitados.

É também imprescindível apresentar sinais autênticos de amor desinteressado, gratuito, livre de qualquer superioridade nacionalista e de qualquer racismo aparente. Os peritos devem aprender a trabalhar em íntima colaboração com todos, para que os mais favorecidos possam gerir o desenvolvimento dos mais enfraquecidos, considerando o "desenvolvimento" como a nova definição de "paz para todos". Neste sentido, combater a miséria e lutar contra a injustiça significa promover não só o bem-estar, mas também o progresso humano e espiritual de todos, e, portanto, o bem comum da humanidade, o que confere aos leigos uma tarefa própria na renovação da ordem temporal.

No final do século XIX e início do século XX, na denominada *Belle Époque*, o automóvel, o cinema, a máquina de escrever e a lâmpada elétrica já tinham se tornado a coqueluche do momento, marca de superioridade científico-tecnológica entre povos e nações. Podemos mesmo dizer que o conflito da Segunda Guerra Mundial foi decidido pela superioridade no uso da ciência por parte dos aliados (Pazzinato & Senise, 2006, p. 288). Na verdade, a ciência foi notavelmente bem-sucedida em vencer a guerra, e esperava-se que fosse igualmente eficiente na economia da sociedade em tempos de paz. Esquecemos, no entanto, que as desigualdades e as exclusões sociais poderiam ser acirradas mesmo em tempos sem guerra.

A *Progressio Populorum* pretende ser exatamente um alerta para essa possibilidade negativa que o Magistério vislumbrava. Fundamentando-se na dignidade da vida humana, e na primordial vocação do homem para se realizar plenamente enquanto "filho de Deus", evitando a desigualdade entre os povos, Paulo VI propôs que as nações com maior opulência auxiliassem aquelas que se encontrassem em maior penúria, por meio de empréstimos com juros baixíssimos ou mesmo sem juros, conclamando ainda o Povo de Deus a perceber que a vida cristã também se faz na justiça e na solidariedade; ou seja, já que o outro é um irmão em Cristo, um filho de Deus, um cristão deve sempre buscar o bem comum. Além disso, todos os nossos bens são temporários, e devemos administrá-los tendo sempre em conta a vontade de Deus. Ao fim e ao cabo, para a Igreja o que realmente importa é a santidade e a salvação das almas.

Hoje, o Magistério da Igreja segue afirmando que o desenvolvimento integral dos indivíduos e dos povos não pode ocorrer sem o desenvolvimento solidário da humanidade. Neste cômputo, contudo, a humanidade tem falhado, e é mister que voltemos a nossa atenção para esta encíclica.

Será que a nossa fé em Cristo e sua Igreja é real e efetiva? Será que há em nós uma coerência entre ser, agir e pensar, ou seria a Igreja para nós apenas uma opção sustentável de vida teórico-prática? Esta é a pergunta que deixamos para ser meditada.

BIBLIOGRAFIA

Antióquia, I. (2002). Inácio aos Efésios. Em C. Romano, *Padres Apostólicos* (Coleção Patrística). São Paulo: Paulus.

Antióquia, I. (2002). Inácio aos Magnésios. Em C. Romano, *Padres Apostólicos* (Coleção Patrística). São Paulo: Paulus.

Aristóteles. (1987). *Metafísica. Edición trilingüe.* Madri: Editorial Gredos.

Audi, R. (. (2006). Teoria do Valor. Em R. Audi, *Dicionário de Filosofia de Cambridge.* São Paulo: Paulus.

Buber, M. (2009). *Eu e tu.* (Trad. N. A. Zuben). São Paulo: Centauro.

Garcia Rubio, A. (2012). *O Encontro com Jesus Cristo Vivo: Um Ensaio de Cristologia para os Nossos Dias.* São Paulo: Paulinas.

Hegel, G. F. (1807). *Fenomenologia do Espírito.* Fonte: http://www.dominiopublico.gov.br/download/texto/cv000058.pdf

Heidegger, M. (1953). *Einführung in die Metaphysik.* Tübingen: Max Niemeyer Verlag.

Heidegger, M. (1994). Beiträge zur Philosophie (Vom Ereignis). Em M. Heidegger, *Gesamtausgabe, Band 65.* Frankfurt am Main: Vittorio Klostermann.

Heidegger, M. (2006). *Ser e Tempo*. Petrópolis: Vozes.

Justino. (1995). Diálogo com Tritão. Em J. de Roma. São Paulo: Paulus.

Kant, I. (1781). *Crítica da Razão Pura*. Fonte: http://www.dominiopublico.gov.br/download/texto/cv000016.pdf

Kirk, G. S. (1994). *Os filósofos pré-socráticos* (4. ed.). Lisboa: Fundação Calouste Gulbenkian.

Ladaria, L. F. (2012). *O Deus Vivo e Verdadeiro. O Mistério da Trindade*. São Paulo: Loyola.

Latourelle, R. (1989). *Jesus existiu?* Aparecida: Editora Santuário.

Leibniz, G. (1969). *Essais de Théodicée*. Paris: Flammarion.

Liébart, J. (2000). *Os Padres da Igreja*. São Paulo: Loyola.

Marcondes, D. (2000). *Iniciação à História da Filosofia*. Rio de Janeiro: Jorge Zahar.

Murcho, D. (. (2009). *Viver para quê? Ensaios sobre o sentido da vida*. Lisboa: Dinalivro.

Nietzsche, F. (2009). *O Anticristo e Ditirambos de Dionísio* (§24). (Trad. P. C. Souza). São Paulo: Companhia das Letras.

Origenes. (2004). *Contra Celso*. (Coleção Patrística) São Paulo: Paulus.

Ortega y Gasset, J. (1973). *O homem e a gente*. Rio de Janeiro: Livro Íbero-Americano.

Ortega y Gasset, J. (1989). *Em torno a Galileu: esquema das crises*. Petrópolis: Vozes.

Paulo II, J. (1998). *Fides et Ratio*. São Paulo: Paulinas.

Pazzinato, A. &. (2006). *História Moderna e Contemporânea*. São Paulo: Ática.

Pessoa Jr., O. (2005). *Conceitos de Física Quântica*. São Paulo: Livraria da Física.

Pierson, C. (1998). *Beyond the Welfare State*. State College: Penn State University Press.

Platão. (1995). *A República*. Lisboa: Fundação Gulbenkian.

Platão. (2000). *Fédon*. Lisboa: Fundação Gulbenkian.

Ratzinger, J. (2005). *Introdução ao Cristianismo*. São Paulo: Loyola.

Reimarus, H. S. (1775). *Abhandlungen von den vornehmsten Wahrheiten der natürlichen Religion*. Hamburg: Johann Albert Heinrich Reimarus.

Romano, C. (2002). Primeira carta de Clemente aos Coríntios. Em C. Romano, *Padres Apostólicos* (Coleção Patrística). São Paulo: Paulus.

Rúbio, A. G. (1989). *Unidade na Pluralidade* (2. ed.). São Paulo: Paulinas.

Schweitzer, A. (1911). *The Quest of the Historical Jesus [Geschichte der Leben-Jesu-Forschung]*. (Trad. W. Montgomery). Londres: Adam and Charles Black.

Simplício. (1994). De Caelo. Em G. R. Kirk, *Os Filósofos Pré-Socráticos* (4 ed.). Lisboa: Fundação Calouste Gulbenkian.

Taciano. (2002). Discurso contra os gregos. Em C. Romano, *Padres Apologistas* (Coleção Patrística). São Paulo: Paulus.

Ullman, R. A. (2002). *Plotino: um estudo da Enéadas*. Porto Alegre: EDIPUCRS.

www.ingramcontent.com/pod-product-compliance
Lightning Source LLC
Chambersburg PA
CBHW072022060426
42449CB00033B/1602